매니페스토의 올바른 이해와 사용

서구 25개국의 매니페스토 연구

매니페스토의 올바른 이해와 사용

서구 25개국의 매니페스토 연구

인 쇄 | 2007년 9월 7일
발 행 | 2007년 9월 13일

지 은 이 | 김희민 · 리처드 포딩
옮 긴 이 | 조진만 · 김홍철
발 행 인 | 부성옥
발 행 처 | 도서출판 오름
등록번호 | 제2-1548호 (1993. 5. 11)

주 소 | 서울특별시 서초구 서초동 1420-6 통일시대연구소빌딩 301호
전 화 | (02)585-9122, 9123 팩 스 | (02)584-7952
E-mail | oruem@oruem.co.kr
U R L | http://www.oruem.co.kr

ISBN 89-7778-286-0 93340 값 14,000원

* 잘못된 책은 교환해 드립니다.

매니페스토의 올바른 이해와 사용

서구 25개국의 매니페스토 연구

김희민 · 리처드 포딩 지음
조진만 · 김홍철 옮김

오름

An Accurate Understanding and a Proper Use of Manifestos

Analyses of Party Manifestos in 25 Western Democracies

Hee Min Kim, Richard C. Fording

ORUEM Publishing House
Seoul, Korea
2007

| 서문 |

매니페스토란 무엇이며 왜 중요한가?

근자에 우리는 매니페스토(*Manifestos*)란 단어를 자주 접하게 된다. 선거에 나선 후보자들이 매니페스토를 발표하고, 학교나 신문사를 중심으로 한 매니페스토 연구그룹이 생기기도 하였다. 정치권의 경우 현재까지는 주로 지방자치선거에 나섰던 후보자들이 매니페스토라는 표현을 사용하였다. 특히 금년 말의 대통령선거를 앞두고 후보자에게 매니페스토를 밝힐 것을 요구하는 시민운동도 이미 진행 중이다. 하지만 이는 매니페스토란 용어가 지금까지 보편적으로 사용된 방식과는 차이를 보이는 것이다. 현재까지 매니페스토를 사용해 온 국가들에서 매니페스토란 실제로 정당이 선거에 임하여 집권하게 되면 어떤 정책을 펼쳐 보이겠다고 투표자들에게 소개하는 문서이며, 개인의 선거공약(*personal campaign promise*)과는 그 성격이 다르다.

매니페스토가 의미가 있으려면 두 가지 조건이 선행되어야 한다.

첫째, 선거에 임하는 사회의 구성원들이 각 정당의 매니페스토 내용을 어느 정도 파악하고 있어야 한다. 투표자들이 각 정당이 약속하는 정책의 내용을 모르고 투표한다면 매니페스토를 출판할 이유가 없을 것이다.

둘째, 한 정당이나 연립정부가 집권하고 나면 선거기간 중 매니페스토에서 약속한 것들을 실제 정책에 반영하려고 노력해야 한다. 매니페스토가 선거용으로만 사용된다면 국민들이나 학자들이 매니페스토를 중요시할 이유가 없다.

서구의 경우 투표자들이 주요 정당의 매니페스토를 상당 부분 파악하고 있는 것으로 알려져 있다. 먼저 정당들이 각 이슈에 대한 자당의 위치를 국민들에게 직접 정확하게 알리려는 노력을 한다. 예를 들어, 후보자나 정당의 지도자들이 투표자들을 직접 접촉하려는 노력을 하고, 주요 정당들은 자기 정당의 매니페스토를 무료로 투표자들에게 배송하기도 한다. 또 매니페스토에서 정당들이 취하는 정책들은 언론을 통해서 투표자들에게 간접적으로 전달되기도 한다. 즉, 투표자들이 정당의 매니페스토 전체를 읽을 기회가 없더라도 공정한 언론보도를 통하여—각 정당의 매니페스토 중요 내용이 투표자들에게 전달됨으로 인하여—주요 정당들이 주요 정책 이슈에 대하여 어떠한 태도를 보이는가를 비교할 수 있을 정도의 정보는 가지고 선거에 접하게 된다는 것이다. 결론적으로 서구, 특히 유럽의 투표자들은 각 정당의 이슈 입장(*position*), 즉 매니페스토의 내용을 상당 부분 파악하고 선거에 임하는 것으로 알려져 있다.

위에서 말한 바와 같이 매니페스토가 의미가 있으려면 정당들이 집권한 후 매니페스토에서 밝힌 정책들을 실행하려는 노력을 해야 한다. 서구의 사회도 우리나라와 마찬가지로 정치가에 대한 신뢰가

낮았던 이유로, 대부분의 정치학자들은 매니페스토와 실제 정책 간의 연결성이 부족하다는 점을 지적하였다. 그러나 지난 20여 년간에 걸친 연구결과는 이런 비관적인 예측과는 달랐다. 버지와 호퍼버트(Budge and Hofferbert 1990)는 미국, 영국, 독일의 매니페스토 연구에서 이들 국가의 정당들이 매니페스토에서 밝힌 약속들을 대부분 잘 지킨다는 것을 보여주었다. 그 외 다른 서구 국가들의 매니페스토 연구들도 매니페스토와 정책 사이에 높은 상관관계가 존재한다는 점을 보여주었다(Robertson 1987).

이 책에서 필자는 비교 매니페스토 그룹(CMP: *Comparative Manifestos Project*)이 서구 25개국에서 약 50여 년에 걸쳐 출판된 매니페스토를 수집, 분석한 데이터를 소개하고자 한다. 1979년 매니페스토 연구그룹(MRG: *Manifesto Research Group*)이라는 이름으로 결성된 비교 메니페스토 그룹은 제2차 세계대전 직후부터 서구 주요 정당이 출판한 매니페스토를 수집하여 그 내용의 분석과 비교에 착수하였다. 그리고 이후 몇 번에 걸친 업데이트 과정을 거쳐 2001년에는 서구 25개국을 포함하는 광대한 데이터 베이스를 구축하였다(그 후 2006년 동구까지 그 범위를 넓혔지만 이 책에서 필자는 서구만을 다루기로 한다). 서로 다른 언어로 출판된 매니페스토를 비교하기 위해서는 어떤 형태로의 수량화가 필요하였다. 이럴 때 사용되는 데이터 수집기법이 내용분석(*content analysis*)이다.

먼저 매니페스토가 대표할 수 있는 56개의 정책 범주를 정한 후 매니페스토의 각 문장이 각각 어떤 범주에 속하는가를 정하는 작업을 하였다. 물론 이 작업은 많은 시간과 인내가 요구되었다. 또한 이 작업은 해당 국가의 정치, 문화, 언어를 잘 이해하는 사람이 실행해야 했다. 때문에 이 작업을 위해서 각 나라의 정치와 문화를 이해하는 정치학자들이 동원되었을 뿐만 아니라 다른 언어의 뉘앙스를 이해하는 언어학자와 번역가들이 초대되었다.

필자가 이 책에서 매니페스토 데이터를 소개하고 분석하는 이유는 단순히 서구의 매니페스토를 선전하고자 함이 아니다. 선거에 임하여 주요 정당의 후보자들이 매니페스토를 논하고, 주요 언론과 학자들이 매니페스토의 연구를 논하는 현재 한국의 시점에서 주요 정당들이 자기의 정책을 솔직히 문서화하여 매니페스토의 형태로 출판할 때 국민과 정치체제, 그리고 국가 전체가 얻을 수 있는 총체적인 혜택을 볼 수 있게 하자는 것이 이 책의 목표이다. 물론 어떤 정당이 선거 전에 매니페스토의 형태로 약속한 것들을 실행하였는가를 살펴봄으로써 국민과의 약속을 지키지 않는 정당을 가려내는 단기간의 혜택(*short-term benefit*)도 매니페스토의 중요한 역할이라 할 것이다.

그러나 정당들이 장기간에 걸쳐 자기들의 정책 선호도를 솔직히 반영하는 매니페스토를 출판하고, 국민들이 매니페스토를 파악하는 노력을 기울일 경우 매니페스토는 훨씬 큰 장기적 혜택(*long-term benefit*)을 가져다줄 것이다. 이 책에서 밝혀지듯이 우리는 매니페스토를 통하여 정당의 성향뿐만 아니라 정부와 각 국가별 투표자들의 성향과 그 변화까지도 유추할 수 있다. 또한 정당과 국가, 그리고 투표자의 이데올로기적 성향을 비교함으로써 우리는 각 국가의 민주주의 성취도까지도 비교할 수 있다. 매니페스토는 우리가 지금 논하고 있는 것보다 훨씬 더 강력한 개념적 도구인 것이다.

이 책은 지난 10년 동안 필자가 켄터키 대학교(University of Kentucky)의 리처드 포딩(Richard C. Fording) 교수와 공동 저술하여 학술지 및 서적의 일부로 출판된 논문에서 발췌한 내용이 그 주를 이루고 있다. 특히 제2장, 제4장, 제5장, 제6장, 제7장, 제9장은 필자와 포딩(Kim and Fording 1998; 2001a; 2001b; 2001c; 2002; 2003; 2005; 2006, 참고문헌 참조)의 논문을 근간으로 하고 있다. 여기에 필자가 몸담고 있는 플로리다 주립대학교 박사학위 과정생인 엘리스(Glynn Ellies)와 공저한 논문이 하나 포함되어 있다(제8장). 또한 매니페스토 데이터 자체의 이해를 돕기 위해 필자와 협력하여 비교 매니페스토 그룹 자체가 출판한 책(Budge et al. 2002)에서 약간의 내용을 발췌, 번역하여 삽입하였다(제1장과 제3장).

이 책의 번역과 출판을 위해서 많은 분들이 힘써 주었다. 먼저 많은 논문들을 번역하고 편집해 준 연세대학교 리더십센터의 조진만 박사, 플로리다 주립대학교 학생인 동시에 현직 공군 조종사인 김홍철 소령에게 감사드린다. 이 외에도 플로리다 주립대학교에 관계된 한국 학자들이 번역과 편집 등에 일정한 역할을 해주었다. 플로리다 주립대학교에서 정치학 박사학위를 받고 현재 인하대학교 정치외교학과에 재직 중인 최준영 교수, 플로리다 주립대학교 정치학과 박사학위 과정의 박선희 씨, 강우진 씨, 그리고 현재 버지니아 대학교와 중국의 길림 대학교 두 곳에서 동시에 공부하고 있는 함명식 씨 등에 깊은 감사의 마음을 표한다.

이 책을 통하여 한국에서 매니페스토와 그 중요성에 대한 이해가 생기길 바라며, 매니페스토와 민주주의의 연결고리에 대한 이해 증진으로 인하여 한국의 정당들이 국민들에게 겸허하게 약속하는 문서로서의 매니페스토가 발간되고 지속되어가길 바라는 마음으로 이 글을 쓴다.

2007년 7월
미국 플로리다 주, 탈라하시에서
김희민

| 차례 |

제2부 매니페스토를 통하여 본 정당 · 투표자 · 의회 · 정부의 이데올로기

제2장 | 매니페스토를 통하여 본 정당의 이데올로기

제3장 | 주요 민주국가의 정당 이데올로기: 미국, 영국, 일본, 프랑스, 독일의 예

제4장 | 매니페스토를 통하여 본 투표자의 이데올로기

제5장 | 매니페스토를 통하여 본 의회의 이데올로기

제6장 | 매니페스토를 통하여 본 정부의 이데올로기

제3부 사회의 이데올로기 결정요소

제7장 | 경제와 국제관계

제8장 | 군사력

제4부 이데올로기와 민주주의

제9장 | 선거 사이 투표자의 이데올로기와 민주주의

| 표 차례 |

| 그림 차례 |

제1부

매니페스토 연구 개관

● 제1장

서구 사회의 매니페스토와 내용분석 연구방법론

제1장

서구 사회의 매니페스토와 내용분석 연구방법론

1. 서론

매니페스토는 그 내용면에서 지금까지도 활동하고 있는 핵심적인 정치행위자들의 정책과 선호에 대한 풍부한 자료를 제공한다는 점에서 중요한 의미를 가진다. 구체적으로 매니페스토에 대한 연구는 선거에서 정당들에 의해 제시된 공공정책에 초점을 맞추어 투표자와 정부의 선호에까지 그 논의를 확장시킴으로써 합리적 선택이론(*rational-choice theory*)의 핵심적 주장들과 정치경제, 정책 분석, 그리고 비교정치 영역들에서 제기되는 다양한 논의들을 경험적으로 설명해줄 수 있다는 점에서 주목을 받고 있다. 뿐만 아니라 매니페스토 데이터는 제2차 세계대전 이후 주요 서구 민주국가들의 정치적 정보—공동의 기준을 갖고 동일하게 코딩한 정치적 자료—를 제공하고 있기 때문에 시계열분석(*time series analysis*)이 가능하고, 특정 시기와 공간을 기준으로 자료를 통합하기도 용이하다.

매니페스토 자료는 국내정치를 연구하는 학자는 말할 것도 없고 오랜 기간 동안 정당을 연구한 학자들과 정부 전문가들의 관심거리였던 문제들에 대한 답변을 가능하게 한다는 점에서 그 적용범위가 무궁무진하다고 할 수 있다.

예를 들어, 매니페스토 자료를 사용하여 우리는 다음과 같은 질문들에 대한 답을 모색할 수 있을 것이다: 좌파 혹은 우파가 쇠퇴하고 있는가? 그러한 현상은 이데올로기의 종말을 의미하는가? 제2차 세계대전 이후로 정치적인 이슈들은 어떻게 변화되어 왔는가? 국경을 초월하여 특정한 이데올로기적 성향을 보이는 정당을 지지하는 시민들 사이에는 얼마나 유사성이 있는가? 신좌파와 신우파는 과거의 이데올로기 운동과 얼마나 유사한가? 정당들이 점점 비슷해지고 합의적인 특징을 보이는가 아니면 오히려 더욱 충돌하고 분열하는 모습을 보이고 있는가? 각각의 정치체제에서 어떤 정당이 다른 정당들과 비교하여 원하는 것을 더욱 많이 얻고 있는가? 연립을 형성한 정당들은 어떻게 서로를 연관짓는가? 최초에 정당들은 어떻게 연합을 형성하게 되는가? 연립정부는 여론을 어떻게 반영하는가? 지난 수년 동안 과연 매니페스토가 제2차 세계대전 이후 서구 민주국가들의 사회적 변화를 판단할 수 있는 역할을 하였다고 간주할 수 있는가?

이러한 질문들에 대하여 대부분의 경우에는 이미 답변이 되었거나 부분적으로나마 답변이 되기도 하였다. 그리고 새로운 질문들의 경우에도 일단 사회과학자들과 정책분석가들에게 관련 자료들이 배포만 된다면 연구되어질 것이다. 그리고 이 문제와 관련하여 매니페스토 자료에 기반하여 개발된 이데올로기 측정지표들은 차별화된 논의와 경험적 분석을 가능하게 할 것이다.

정당의 정책에 대한 대부분의 측정지표들은 한정된 시기 또는 정당의 직접적 선호가 아닌 전문가나 시민을 대상으로 한 여론조사 자료를 토대로 구축되었다(Castles and Mair 1984; Huber and Inglehart

1995). 하지만 이와 대조적으로 매니페스토 자료의 경우 많은 정책변수들(최소한 57개의 기본변수들)과 이것들의 조합에 의하여 만들어질 수 있는 여러 개의 주요 지표들을 만들 수 있게 해준다. 이러한 이유로 매니페스토 자료의 경우 사회적 변화와 정치적 변화에 대한 폭넓은 연구뿐만 아니라 세밀한 연구도 동시에 가능하게 해준다는 장점을 갖는다.

2. 매니페스토 데이터의 문서적 근거와 민주적 정책과정

기본적으로 정당의 정책을 연구하기 위해서는 정당의 문서들을 수집하고 분석해야 한다. 정당의 정책이 무엇인가에 대한 판단은 전문가들의 인식(Castles and Mair 1984; Laver and Hunt 1992; Huber and Inglehart 1995) 또는 투표자들(Gabel and Huber 2000)의 인식에 근거하기보다는 실제로 정당이 무엇을 말해왔는가를 토대로 파악할 때 적실성을 가질 수 있다. 물론 선거시 정당의 정책들에 대한 투표자의 인상이 그들의 투표결정에 있어서 중요한 영향을 미칠 수도 있다. 하지만 이것은 정당 스스로가 실제로 만든 정책적 진술과는 다른 것이다.[1)]

매니페스토 자료는 정당과 정부가 발행한 권위 있는 문서들을 기반으로 구성되어 있다. 그럼에도 불구하고 지금까지 이와 같은 문서들의 경우 체계적인 정치분석을 위한 근거로서는 등한시되어져 왔

1) 매니페스토를 통하여 파악한 정당의 실질적인 정책내용과 이에 대한 투표자의 인식 간에 어떠한 관계가 존재하는가를 규명하는 작업은 매니페스토 자료에 의하여 연구되어질 수 있는 흥미로운 연구주제 중 하나이다.

다. 왜냐하면 지출 및 예산, 그리고 여론조사 등 더 쉽게 계량화할 수 있는 자료들이 존재하였기 때문이다. 그러나 여론과 재정적 데이터는 정책결정 과정에 있어서 결정적인 역할을 하지 못하는 것이 사실이다.

민주적 의사결정뿐만 아니라 그것들에 대한 정치적 반응과 논쟁, 정당의 우선순위와 정책선호도, 정책의 실행과 사법적인 해석 등이 모두 문서화되어진다. 민주주의는 의사소통이고, 의사소통 방법은 주로 서면으로 이루어진다(심지어 라디오나 TV에서 말한 경우라도 그것은 통상 대본을 통하여 행해진다). 그러므로 문서들은 민주주의가 어떻게 수행되어지는지에 대한 주요한 증거가 된다. 역사가들은 이것을 항상 당연하게 인식하여왔다. 즉 역사학자들은 특별한 상황들을 이해하기 위해서 하나의 기록문을 주로 사용하여 왔다. 그래서 그들의 분석은 왜 프랑스 제3공화국의 정당정부들이 약해지게 되었는지 또는 어떻게 영국의 노동당이 1980년대 말부터 1990년대 초까지 개혁을 하였는지에 대한 정보를 제공해준다. 그러나 그들의 접근방법은 민주주의하에서 일반적으로 정당들이 어떻게 기능하는지, 또 어떤 조직을 통하여 정부를 운용하는지 등과 같은 추가적인 질문들을 할 수 있게 허용하지 않는다. 즉 일반화와 이론화가 어려운 측면이 존재한다.

이러한 이유로 우리는 수백 개 혹은 수천 개의 특정 문서들을 포함하는 더 많은 일반적이고 문서화된 증거들이 필요하다. 이러한 증거들을 다룰 수 있는 유일한 방법은 그것을 통계적인 형태로 수집하고 조작하는 것이다. 이에 필자는 이 장에서 매니페스토 방법론과 절차들에 관한 배경지식으로서 정치적 문서들에 대한 '내용분석 연구방법(*content analysis*)'의 역사에 관하여 논의하고자 한다.

3. 내용분석 연구방법의 역사적 배경

내용분석 연구방법은 1930년대 초 미국에서 문서분석을 위하여 발전된 방법론 중의 하나이다. 그리하여 내용분석 연구방법은 최초의 커뮤니케이션 연구의 도구로 알려지게 되었다. 그러나 이러한 내용분석 연구방법의 초기 시대에 있어서도 정치적인 요소가 나타났었다.

실제로 1930년에 대규모 내용분석 연구방법을 토대로 수행된 최초의 연구는 미국에서 특정 분야의 편집자들이 무엇을 중요하게 간주하는가를 판별하기 위하여 신문지면상에서 외교정책 분야에 대한 기사들이 차지하는 비율을 조사함으로써 시작되었다(Madge 1953). 1933년 호넬 하트(Hornell Hart)는 "최근 미국의 사회적인 조류(*Recent Social Trends in the United States*)"에 관한 심포지엄에서 또 다른 연구의 하나로 미국 학술간행물(서적들과 정기간행물)에서 다양한 주제들에 할당되어진 지면비율의 패턴을 조사하였다. 이와 같은 연구에서 신문기사는 말 그대로 자(*ruler*)를 사용하여 신문에 직접 대어서 측량되어졌고, 그 결과는 인치단위(*column inches*)로 계산된 기사의 크기로 보고되어졌다(Berelson 1971).

이후 헤롤드 라스웰(Harold Lasswell)은 이 방법론을 분류범주의 체계적인 적용을 위한 심리분석적 인터뷰 연구에 적용하였다(Lasswell and Kaplan 1952; Lasswell and Leites 1965). 그리고 그는 광범위한 주제들을 분석하기 위하여 이 분류방식을 계속해서 사용하였다. 라스웰은 1939년 정부의 요청으로 외국 신문들의 내용을 조사하는 "세계주의조사(*World Attention Survey*)"의 책임을 맡게 되었고, 모순되게도 내용분석 연구방법의 돌파구가 되었던 그것은 전쟁의 위협에 관한 것이었다. 라스웰의 연구는 독일과 영국의 신문들이 미국의 정책에 대하여 상당히 많은 양을 보도하였었다는 가정을, 실제로는 그렇지 않은 것으로 판명나게 해주었다. 하지만 더욱 중요한 것은 이러한 라스웰의 분석이 정책과 전략에 대한 신문들의 변화를 어떻게 양적으로 측정하고 예측하는가를 보여주었다는 점에 있다. 예를 들어, 몰로토프 리벤트롭(Molotov-Ribbentropp) 조약을 조인하기 몇 달 전에 라스웰의 연구방법은 독일 신문들에서 소련에 대한 부정적인 언급들이 감소하였다는 것을 보여주었을 뿐만 아니라 소련의 신문에서도 독일에 대한 부정적인 언급들이 감소함을 보여주었다. 그리고 실제로 독일의 경우 소련과 연관된 모든 것들에 대한 언급들이 점점 더 감소됨이 더욱 확실하게 나타났었다(Berelson 1971).

그래서 내용분석 연구방법은 주요한 지적 무기가 되었다. 잘 정련된 코딩범주들(*coding categories*)이 발전되고 표준화되었고, 목록들이 확립되었다. 뿐만 아니라 코딩을 한 사람들은 그들이 코딩한 자료들이 현실에 잘 부합하는가를 확인하기 위하여 많은 노력을 경주하게 되었다. 그리고 1944년 라자스펠드(Lazarsfeld)와 베럴슨(Berelson)이 1940년 대통령선거에서 경쟁 후보자들의 명성(*publicity*)을 양적으로 측정한 것처럼 보다 단순한 방법들이 다른 곳에 계속적으로 적용되어졌다.

제2차 세계대전 이후 반세기 동안 다양한 종류의 사회행태 연구에 있어 내용분석 연구방법이 사용되어져 왔다. 많은 분야에서, 특히 문화연구 분야를 필두로 담론 분석 및 사회학적 방법론과 같이 때때로 다른 연구도구들과 연결시켜 사용되어질 수 있는 것들은 그들 자체의 접근방법을 고안해냈다. 내용분석 연구방법은 질적 분석과 양적 분석 모두에 있어서 유용한 것으로 증명되었고, 두 방법론을 연결해주는 것으로 고려되어지기도 하였다. 또한 1950년 레이츠(Leites)의 '창 없는 집(*House Without Windows*)'에 대한 연구와 같은 정치적 수사 및 사회적 가치들의 진화에 대한 분석에 내용분석 연구방법을 적용함으로써 라스웰과 그의 공동연구자들은 이 분야에 있어서 많은 발전을 선도하였다(Namenwirth and Lasswell 1970).

정치학의 경우에는 1940년대 미국에서 중대한 발전이 이루어졌다(Pool 1951; Berelson 1952; Lasswell et al. 1952; Ranney 1962; North et al. 1963; Chafee and Hochheimer 1985). 라스웰의 선구적인 노력에서 비롯된 국제정치학의 발전과는 다르게 이들 미국 학자들은 계량분석적 정치학이 번성하여 주 분야가 되기 이전까지는 그렇게 일반적이지 않았던 선거 및 투표행태에 대한 분석들을 주로 발전시켰다. 여론조사 증거에 의해 불완전하게나마 설명되어졌지만 투표자의 투표결정에 있어서 대중매체와 같은 외부적 요인이 어떠한 영향을 미치는가에 대한 관심이 여전히 높았다. 이것은 대중매체가 전달하는 내용이 잠재적으로 선거에서 투표자들에게 왜곡된 인식을 할 수 있게 한다는 문제의식을 내포하고 있는 것이라고 볼 수 있다.

4. 정당의 문서들에 대한 집중적 연구

내용분석 연구방법들이 얼마나 빠르게 발전되었고, 정당의 매니페스토와 같은 객관적인 문서에 대한 연구에 어떻게 그렇게 급속하게 전파되었는지를 회고해보면 놀랄 만하다. 부분적으로 이것은 인터뷰를 통하여 얻은 개방형 질문들(*open questions*)에 대한 답변들을 어떻게 기술적으로 코딩할 것인가에 대한 방법들을 모색하고 쉽게 문서들로 전환될 수 있었기 때문에 가능한 것이었다. 그리고 이러한 상황 속에서 대중매체에 대한 연구들은 횟수와 심도 모두에서 집중되어졌다(Namenwirth and Brewer 1966; Namenwirth 1969; 1970; Namenwirth and Lasswell 1970; Miller 1977; Iyengar 1993). 그러나 내용분석 연구방법의 대상은 선거 프로그램들로 점차 전환되기 시작하였다.

정당의 매니페스토가 내용분석 연구방법에 의하여 연구되어진 첫 번째 이유는 선거활동 기간 동안에 명확하게 나타나는 그들의 특이성 때문이었다. 즉 정당의 매니페스토는 투표자들에게 폭 넓게 읽혀지지 않더라도 공공적으로 채택되고 시행되어 대중매체들에 의해 알려지게 된다. 이와 같은 직접적인 정치적 이유 이외에도 정당의 매니페스토는 정치사상가들이 흥미를 가지는 정의와 공정과 같은 개념이 현실적으로 어떻게 적용되는가를 파악할 수 있는 사례가 되기도 하였고, 추상적인 정치이론이 실생활에 잘 작용할 수 있음을 나타내는 것이기도 하였다. 그러므로 최초의 광범위한 매니페스토 연구가 『정치적 논쟁』(*Political Argument*)과 같은 영향력 있는 저서를 집필한 베리(Barry 1965)의 감독 아래 이론가인 데이비드 로버트슨(David Robertson)에 의하여 수행되어진 것은 전혀 우연이 아니다.

정당의 매니페스토가 활발하게 연구되어지는데 또 다른 자극제 역할을 한 것은 다운스(Downs 1957)의 『민주주의 경제이론』(*Economic Theory of Democracy*)의 근간이 된 정당들의 경쟁에 대한 합리적 선택이론가들의 등장이었다. 베리(Barry 1975)는 이론 자체와 그 문제점에 대하여 저명한 집필을 하였는데, 그는 근본적으로 '좌-우' 이데올로기적 정치의 연장선상에서 정당의 정책적 견해에 대한 이데올로기적 위치와 정당의 동태에 대한 정보를 제공하였다.

1960년대와 1970년대에는 경제이론을 적용하여 사회현상을 검증하기 위한 시도들이 많이 수행되어졌다. 여론조사 자료들이 점진적으로 활용되었고, 계량적인 연구를 위하여 훈련된 정치과학자들이 실질적인 역할을 수행하게 됨에 따라 정당의 이데올로기를 정당에 대한 투표자들의 인식이라는 관점에서 파악하려는 경향이 나타나기 시작하였다(Budge and Farlie 1978). 그러나 이와 같은 연구들은 심각한 기술적인 맹점들을 가지고 있었다. 왜냐하면 투표자들의 인식이 실제 정당의 이데올로기적 위치와 같지 않은 것이 명확해졌기 때문이다. 더욱이 '경제이론'의 주요 논점들은 정당의 이데올로기적 이동을 투표자들의 선호와 연관시키려 하였기 때문에 선거자료를 토대로 정당의 이데올로기를 추정하는 것은 잠재적으로 동어반복(*tautology*)의 문제를 내포하고 있었다.

정당의 정책적 입장은 매니페스토, 정강, 그리고 선거 프로그램들과 같이 정당이 자체적으로 발간하였던 기록문들에 가장 명확하게 명시되어 있다. 이것을 인지한 로버트슨은 1922년부터 시작된 영국 정당의 매니페스토에 대한 연구를 시작하였다. 나중에 이 연구는 1974년까지 자료가 수집되었고, 1976년에 마침내 발간되었다. 로버트슨의 연구는 다운스의 이론, 즉 정당이 선거를 확실히 이길 수 있거나 혹은 패배한다고 생각할 때 극단적 정책을 선택할 수 있다(양쪽의 어느 경우도 추가적인 투표가 도움이 되지 못할 경우)는 주장과 정당이 생각하기에 결과가 명확하지 않을 경우 중도적 정책을 선택하는 쪽으로 이동한다는 주장을 시험하기 위한 목적으로 수행되었다.

5. 매니페스토에 대한 독특한 코딩방법

로버트슨의 작업은 매니페스토 코딩방법이 발전하게 된 근간이 되었다는 점에서 중요한 의미를 갖는다. 로버트슨도 1979년 공동의 틀 안에서 19세기 민주국가들의 문서들을 비교 분석하고자 하였던 학자들로 결성된 매니페스토 연구그룹(MRG: *Manifesto Research Group*)의 공동대표였다(Budge et al. 1987). 정당의 공식적 문서들을 집중적으로 정독하는 것을 기반으로 연구를 진행하였던 매니페스토 연구그룹의 기획의도 및 로버트슨의 핵심적인 사고는 정당들이 동일한 생각을 가지고 직접적으로 서로 대면하기보다는 정책적으로 상이한 우선순위를 강조하면서 논쟁을 한다는 것이었다.

이것은 상대편이 주장하는 모든 것에 대하여 단호하게 반박해야 한다는 정치지도자들의 냉혹한 관계를 고려할 때 상당히 놀라운 발견이라고 할 수 있다. 그러나 그것은 지금까지 수행되어졌던 선거문서들에 대한 단어별 · 문단별 세밀한 조사와 분석을 통하여 사실 여부가 확인되었다. 실제로 선거문서들을 면밀하게 조사해본 결과, 특정 정당이 상대 정당을 직접적으로 부정하는 단어/구/문장들은 거의 찾아볼 수 없었고, 대부분은 각각의 이슈들이 무엇을 공유하고 있는가에 대한 생각들이었다(세금 감면, 복지혜택 증가 등등). 실질적으로 정당들 간의 상이한 점은 서로 다른 문서들에 언급된 세금이나 복지에 관련된 내용 정도였다.

그러므로 정당의 매니페스토를 연구하는 학자들은 각각의 이슈에 대하여 다수의 의견에 반대하는 것은 큰 의미를 가질 수 없다고 본다. 즉 그들은 다수의 의견을 중요시하지만 보수 세력들의 세금 감소, 진보 진영의 시장이론, 사회당의 복지 혜택의 확장 등과 같은 여론 중에 더 실행의 가능성이 높은 이슈들을 강조한다. 이러한 이유로 선거 프로그램들은 정당의 독점적 이슈들이나 우선순위가 높은 이슈를 더욱 강조하고자 노력하며, 다른 이슈나 우선순위가 낮은 이슈는 경시하는 경향을 보인다.

물론 좌파 대 우파에 대한 지지 아니면 다른 정치적 원인들에 대한 지지를 나타내는 지표를 만들기 위하여 여러 가지 다양한 강조점들을 사용할 수 있다. 그러나 그것은 각각의 이슈에 대하여 정당이 직접적으로 직면하는 것이라고 하기보다는 정당들이 이슈들에 부여하는 상이한 강조점들에 기반을 두고 있다. 매니페스토는 전체적인 관점에서 구성되고 작문되어졌고, 전반적으로 주제들에 대한 균형이 심도 있게 고려되어졌다. 그러므로 정당의 이데올로기 위치가 각각의 영역에 따로 측정될 수 있다는 것은 어설픈 생각이다. 정당들에 의해 일반적으로 공유된 입장들과 같은 것에 있어서 중요한 것은 전반적인 우선순위이지 연결되지 않고 분리되어서 생각되어지는 특별한 입장들에 대한 것은 아니다.

이와 같은 정치적 수사들의 특징은 이미 스톡스(Stokes 1966)에 의해 강조되어 왔다. 스톡스는 부패 문제와 같이 일방적인 특징을 보이는 민감한 사안의 경우 정당들이 좌-우 연속선상을 따라서 움직인다고 주장한 다운스의 이론을 약화시킬 수 있다고 생각하였다. 즉 스톡스는 다운스의 이론이 정당의 경쟁에 있어서 특정 정당이 한 이슈에 있어서 월등한 위치를 장악할 경우와 같은 가장 중요한 특징을 수용할 수 없다는 점에서 문제가 있다고 보았다. 여기에 로버트슨의 정당이 정책공간을 창조하기 위하여 상이함을 강조한다는 점에 대한 집중적 연구는 정치적 수사의 민감성에 대한 본질을 잘 유지한 상태로 위와 같은 문제점들을 현명하게 해결하였다(Riker 1993, 81-126).

6. 매니페스토와 정부의 행태

정당의 공약(*pledge*)을 연구한 학자들은 매니페스토가 정부의 행태를 예측하고 평가하는 데 사용되어질 수 있다는 점에 논의의 초점을 맞추었다. 민주주의는 대중이 선호하는 것에 발맞추어 선거에서 정당의 경쟁과 투표에 의해 정부가 행동하는 체제이다(Saward 1998). 이같은 과정에서 정당의 매니페스토는 투표자들에게 그 정당이 선출이 되었을 경우 무슨 일을 할 것인가를 알려주고, 정책적 선택의 토대를 제공해주는 역할을 수행하게 된다. 투표자의 선거를 통한 정책의 위임을 위하여 필수적으로 요구되는 민주주의 조건은 투표자들로 하여금 선택을 할 수 있도록 하기 위하여 정당들 사이에 차이가 존재해야 한다는 것이다. 그리고 일단 선출이 되어서 정당이 정부를 구성할 경우 선거과정에서 약속한 것들을 이행해야 한다는 것이다. 정당의 공약 이행에 관한 연구들은 주로 이와 같은 질문들에 관심을 가지고 있다.

하지만 매니페스토 내용의 또 다른 특성들도 정부의 행태와 연관 지을 수 있다. 예를 들어, 만약 정당의 상대적 강조점들이 무엇인가를 나타내는 측정지표가 존재한다면 정부 정책을 위한 정당의 우선순위를 측정하는 데 사용되어질 수 있을 것이다. 즉 이러한 방식으로 정부의 우선순위를 측정할 수 있다면 특정 공약에 대한 연구와 같이 선거에서 제시된 정당의 정책들 중 어떤 우선순위의 정책들이 실행되는가를 파악할 수 있게 된다.

이와 같은 연구들은 매니페스토 자료에 기반한 측정지표들이 개발된 이후 구체적으로 수행되어졌다. 최초로 지역별 정부지출을 조사하여 정부의 행동을 측정하는 것으로 사용되어졌다(Klingemann et al. 1994). 그리고 실제로 매니페스토상 정당의 강조점들은 제2차 세계대전 이후 시기를 대상으로 10개 국가들 중 8개 국가들에 대한 정부지출의 추세를 매우 훌륭하게 예측하는 것으로 증명되었다. 매니페스토와 정책적 결과의 일치가 잘 일어나지 않는 국가는 벨기에와 네덜란드였다(1990년까지). 이것은 연립정부의 경우 명확하지 않은 정당 책임과 정책 절충의 필요성 때문에 단일정당 정부와 비교하여 투표자들이 위임한 정책을 덜 수행하는 것 아닌가 하는 질문을 제기하게 하였다.

선거 프로그램의 우선순위를 직접적으로 입법 또는 행정과 같이 정부에 의하여 수행된 주요 행동들에 연결시킬 수 있다면 만족스러울 것이다. 그러나 이를 파악할 수 있는 평가지표들을 만드는 작업은 쉬운 일이 아니며 엄청난 노력을 요구한다. 그래서 정당들의 강조점과 그 결과를 연관시키는 작업은 이에 대한 평가지표들이 만들어진

국가들에서 먼저 나타날 가능성이 높다(Stimson et al. 1995). 이와 같은 맥락에서 맥도널드와 그의 공동연구자들의 연구(McDonald et al. 1999)는 좌-우 이데올로기 척도로 코딩된 정당 매니페스토의 강조점들은 대통령제의 진보주의 신념과 높은 상관관계(r=0.81)를 형성하고 있음을 보여주었다

7. 내용분석 연구방법의 운용:
매니페스토 자료를 사용한 형식(*formal*) 접근방법의 운용

앞에서 필자는 내용분석 연구방법이 무엇이고 무엇을 수반하는지에 대한 정확한 규명 없이 내용분석 연구방법의 진화에 대하여 논의하였다. 내용분석 연구방법과 관련하여 최초로 체계적 · 포괄적 기술을 시도한 정치학자는 1952년에 방법론 논문을 발표한 버나드 베럴슨(Bernard Berelson)이다. 그의 논문은 오늘날까지도 여전히 많은 방법론 논쟁의 근간을 형성하고 있다. 베럴슨은 내용분석 연구방법을 객관적이고, 체계적이며, 의사소통에 있어서 매니페스토 내용을 계량적으로 묘사하는 연구방법의 하나로서 정의하였다(Berelson 1954, 481). 그리고 이것은 내용분석 연구방법을 다음과 같이 믿는 베버(Weber 1990, 9)에 의해 수용되어져 왔다.

> "내용분석 연구방법은 문서로부터 타당한 추론들을 생성하는 데 사용되어지는 연구방법의 하나이다. 이 추론들은 메시지를 보내는 사람 자체에 대한 것일 수도 있고, 메시지를 받는 청중일 수도 있다. 이 추론과정의 규칙들은 연구자들의 이론적 · 실질적 관심들에 의하여 변경될 수 있다."

이 논점은 현재의 정치적 문서들을 연구하는 것에 대한 함의를 명백하게 가지고 있다. 우리는 정치적 문서들에 대한 적절한 범주를 설정하고 코딩 규칙들을 고안하기에 앞서 정치적 문서들이 어떻게 작성되고, 선거과정에서 무슨 목적으로 사용되는가에 대한 어느 정도의 생각을 가지고 있어야 한다(Budge et al. 1987, 24-25).

지금까지 정치적 문서들을 일정한 범주와 규칙을 적용하여 분석하기 위하여 몇 종류의 이론적 틀이 채택되어져 왔다. 그러므로 정치적 문서들을 연구한 초기 학자들의 경우 이와 같은 이론적 틀로부터 벗어나 자신만의 이론을 만들기 어려운 측면이 존재하였고, 기존 연구의 주장을 반박하거나 방법론적으로 정교화시키는 연구결과를 도출해내기도 어려운 측면이 있었다. 왜냐하면 잘못 적용되거나 그릇된 이론은 적절한 코딩의 기법과 절차들을 지지할 수 없기 때문이다.

베버가 위에서 말한 것처럼 추론은 선거 메시지를 보내는 사람과 그것을 받는 청중에 대하여 이루어진다. 이 때 선거 프로그램은 유일한 포괄적 문서 혹은 정당이 만든 성명이라는 점에서 장점을 가지고 있다. 일반적으로 특정 사안과 정책에 대한 채택의 절차는 정당의 당헌(*party constitution*)에 기록되어져 있어서 문서가 무슨 종류의 문서인지를 매우 명확하게 알 수 있다. 그러나 분열되고 내부적으로 분단된 정당의 경우 어느 정도 심도 있는 절충과정을 거친 후 특정 시점에 선거 프로그램을 채택하게 된다. 정당의 정책적 위치를 파악하기 위한 측정지표가 부족할 때 나타나는 명백한 특성은 정당의 정책적 입장을 전문가 또는 투표자의 인식에 기반하여 파악하는 것이다. 하지만 이것은 실질적인 정당의 정책적 입장과는 전혀 다른 의미를 갖는다. 매니페스토 자료들은 명백하게 정당의 선호와 의도로 구성되고, 정당의 순차적 행동에 대한 추적을 가능하게 하는 역할을 한다. 하지만 정당의 정책적 입장에 대한 전문가 또는 투표자의 인식과 판단은 행태 자체를 근본으로 하기 때문에 동어반복 없이 어떻게 정당의 정책적 입장을 설명할 수 있을 것인가 하는 의문이 제기된다 (Budge 2000).

정당의 선거 프로그램은 직접적인 방식보다는 대중매체를 통한 토론을 통하여 투표자들에게 영향력을 행사하게 된다. 하지만 투표자들이 정당의 선거 프로그램들을 청취하는 최고의 청중이라는 점을 부인할 수는 없다. 대중매체에 관한 연구들은 단순히 메시지가 만들어진 의도 그대로 청중들이 수용하게 된다고 가정하기는 어렵다는 점을 강조하였다. 즉 실제로 정당의 정책에 대한 투표자의 인식이 정당 스스로가 정의한 것과 일치할 수도 있고, 그렇지 않을 수도 있다 (Gabel and Huber 2000). 이 점에서 정당의 매니페스토는 투표자들이 무슨 생각을 하는가에 대한 정보를 알려주기보다는 정당의 전략가들이 투표자들을 어떻게 생각하는가에 대한 정보를 제공해준다고 하겠다.

8. 결론: 내용분석 연구방법의 신뢰성과 타당성

지금까지 내용분석 연구방법에 대한 일반적인 묘사와 코딩의 절차들에 대한 설명을 통하여 메시지의 발신자(정당)와 수신자(투표자) 간에 내포된 의미를 추론하는 데 기본적으로 사용될 수 있는 매니페스토의 내용을 살펴보았다. 내용의 기술과 추론들 모두 이론적인 토대를 가진다는 점을 고려할 때 측정의 문제와 관련하여 다음의 두 가지 고려사항이 제기된다. 첫 번째는 신뢰할 수 있는 이론으로부터 뽑아낸 절차들을 적용할 때 그 연구결과가 모든 시기에 있어서 동일하게 나올 수 있는가 하는 점이다. 두 번째는 이처럼 신뢰할 수 있는 이론으로부터 뽑아낸 절차를 적용하여 도출한 연구결과가 우리가 생각하고 있는 내용과 메시지 발신자들의 의도를 실질적인 의미에서 타당하게 보여주고 있는가 하는 점이다.

신뢰성은 아주 단순하고 기본적인 질문이다. 컴퓨터는 항상 동일한 절차를 동일한 방법으로 똑같은 문서에 적용할 것이다. 그러나 동일한 사람이 독립적으로 동일한 문서를 기록하였다고 하더라도 매니페스토를 만들어왔던 사람들에게 컴퓨터와 같은 경우가 항상 사실로 간주되기는 어려울 것이다. 다른 사람들이 상이한 언어로—코딩을 한 사람들 간의 신뢰성(*inter-coder reliability*)—서로 다른 문서들을 코딩할 경우 많은 편차가 발생할 것이다.

매니페스토 데이터셋 내의 국가별 자료는 표준안정성(*standard stability*)과 코더 간 신뢰성에 대한 검증을 통하여 구축되어 있다(Budge and Farlie 1977, 422-423; Budge et al. 1987, 23-24). 매니페스토 데이터는 상이한 언어들로 작업을 수행하는 어려움을 거쳐 구축이 되는데, 1990년대 전자기술의 발전으로 인하여 코딩과정에 대한 강도 높은 중앙의 감독과 검사의 중요성이 강조되었다. 예를 들어, 1980년대 중반부터 최초 코딩된 매니페스토 문서의 복사본이 코딩범주와 관련된 주석과 함께 중앙기구에 보존되어 오고 있어 코딩의 내용을 참조할 수 있다.

신뢰성과 함께 정확성은 특히 강조되어져 왔다(Weber 1990, 17). 사전에 표준화된 지침을 제공하여 코딩된 문서는 코더들 사이에 많은 참고문서와 함께 회람되어졌을 뿐만 아니라 코더들을 훈련시키고 어느 정도 코딩의 지침에 익숙한가를 점검하는 데 사용되었다. 즉 코더가 코딩한 문서는 감독관에게 보내져 표준화된 지침을 잘 준수하여 코딩되었는가를 점검받았다. 그리고 만약 감독관이 코더가 코딩한 내용에 만족하지 못할 경우 그 코더는 감독관이 요구하는 수준에 도달하기까지 더 이상 작업을 하지 못하도록 하였다.

신뢰성은 합리적인 절차를 발전시켰다는 것을 보장하는 것이다.

"그들이 진실로 우리가 생각하고 있는 것 혹은 우리가 알고 싶어하는 것을 잘 나타내고 있는가?" 와 같은 더 큰 질문은 그들의 타당성과 관련된 것이다. 베버(Weber 1990, 18-21)는 타당성을 다음의 다섯 가지 종류로 분류하였다.

(1) **표면적 타당성**(*face validity*): 이론적 개념과 이것을 측정하는 방법이 일치하는 것. 정당들은 자신의 일반적인 이데올로기적 정향에 따라 특정 이슈를 선별하여 강조하게 되며, 이로 인해 매니페스토 자료를 통하여 정당들간의 차이를 파악할 수 있다.

(2) **구성 타당성**(*construct validity*): 동일한 구성으로 코딩된 자료들을 토대로 산출한 측정지표들 간에는 상관관계가 높은 반면 다른 개념들로 측정된 지표들 간에는 별다른 상관관계가 존재하지 않는다는 것. 이러한 이유로 정당의 정책적 입장을 측정함에 있어 구성적 타당성을 갖는 매니페스토 자료를 활용하는 것이 유용하다.

(3) **가설타당성**(*hypothesis validity*): 변수들 간의 상관관계가 예상한 이론적 관계를 잘 반영하고 있다는 것. 매니페스토 자료는 정당 경쟁(Budge et al. 1987), 연합정당 구성(Laver and Budge 1992), 산출 분석(Klingemann et al. 1994) 등과 같은 다양한 이론적 상황들의 결과를 경험적으로 분석하는 데 많이 사용되어져 왔다. 특히 연합정당 구성을 위시로 하여 많은 이론적 가설들이 매니페스토 자료들에 의하여 기각되기도 하였다. 하지만 이같은 기각은 합당한 것으로 보여진다. 왜냐하면 설득력 있는 이론들의 경우 어떠한 추정치를 사용한다고 하더라도 일반적으로 예상되는 결과를 동일하게 얻을 수 있기 때문이다.

(4) **예측 타당성**(*predictive validity*): 연구내용 이외에 사건에 대해서도 연구결과와 동일한 결과가 나타날 것이라고 예측할 수 있는 범위. 매니페스토 자료를 통하여 전후 시기를 대상으로 25개 민주국가 정당들의 좌-우 이데올로기 척도의 변화를 살펴본 결과, 역사적인 기록들과 매우 일치하는 특징을 보였다는 점에서 예측 타당성을 가질 수 있다.

(5) **의미 타당성**(*semantic validity*): 언어와 문서에 익숙한 사람들이 동일한 범주로 분류된 단위의 목록을 검사하고, 그 분류가 잘되었다는 점에 동의하는 것. 매니페스토 자료의 경우 표준화된 코딩지침을 마련하여 코딩을 하고, 감독자가 이를 점검하도록 함으로써 의미 타당성을 확보하고 있다.

제2부

매니페스토를 통하여 본 정당 · 투표자 · 의회 · 정부의 이데올로기

제2장 | 매니페스토를 통하여 본 정당의 이데올로기

1. 서론

이데올로기란 사회적 · 정치적 세계와 관련되어 있는 일종의 사고의 묶음이며, 인간의 특정 행위에 대한 일반적인 지침을 제공한다(Mahler 1995, 36-37). 이러한 이데올로기는 "정치인들에게 정치적 사건들, 현 시점의 문제들, 투표자의 선호, 그리고 다른 정당들의 정책들을 한 눈에 파악할 수 있는 정치에 대한 폭넓은 인지적 지도(*conceptual map*)를 제공"하게 되며(Budge 1994, 446), 그 결과 광범위한 정치적 · 경제적 · 사회적 이슈들을 통합하는 기능을 수행하게 된다.

이러한 이유로 비교정치학 분야에서 이데올로기는 정치현상을 설명하는 데 있어 중요한 변수로 간주되어 왔다. 이때 서구 민주국가들의 경우 이데올로기는 대부분 좌-우 이데올로기적 차원에서 평가되어 왔다. 그 이유는 전후 이들 국가에서 좌-우 이데올로기가 가장 중요하고 일반적인 균열로 평가되기 때문이다(Lijphart 1984; Budge and Robertson 1987; Knutsen 1988; Warwick 1992; Blais et al. 1993; Kim and Fording 1998). 그리고 이러한 상황에서 정당의 경우 사회의 지배적인 균열을 반영하는 것으로 간주된다(Laver and Budge 1993; Budge 1994)는 점에서 정당의 이데올로기를 어떻게 측정할 것인가의 문제는 매우 중요하게 대두되었다. 특히 비교정치를 연구하는 학자들의 경우 권력을 장악한 정당 또는 정당들이 어떠한 이데올로기적 선호를 가지고 있는가에 따라 정책결정의 과정과 결과가 차이를 보일 수 있다는 관점에서 정당의 이데올로기를 측정할 수 있는 지표를 개발하고, 이것이 정치적으로 어떠한 영향을 미치는가를 고찰하는 데 많은 노력을 경주해왔다.

그럼에도 불구하고 지금까지 연구자들은 정당의 이데올로기를 다소 제한된 방식으로 측정하는 모습을 보여왔다. 즉 대부분의 기존 연구들은 일 국가 내에서 정당의 이데올로기를 비교연구하거나(Budge et al. 1987), 다수 국가들을 대상으로 하지만 상대적으로 짧은 특정 시점에서 정당의 이데올로기를 비교하는 연구에 초점을 맞추어 왔다(Janda 1980; Castles and Mair 1984).[1] 이러한 기존 연구들의 경우 정당연구에 있어서 많은 공헌을 하였지만 기본적으로 제한적인 관점에서 연구를 진행시킨 관계로 해결하지 못한 많은 의문점들이 제기되게 되었다.

더욱 중요한 문제점은 정당의 이데올로기를 측정하는 기존 방식의

1) 버지와 로버트슨(Budge and Robertson 1987)의 경우 상당히 오랜 기간 동안 다수 국가의 정당들을 비교하는 연구를 진행한 바 있지만 연구사례의 수가 적다는 점에서 기본적으로 제한적인 특징을 보였다. 보다 최근에 레이버와 쉡슬리(Laver and Shepsle 1993), 그리고 필자(Kim and Fording 1998)는 제2차 세계대전 이후 유럽국가의 대부분 정당들을 연구대상에 포함시켜 좀더 포괄적인 차원에서 정당 이데올로기 측정지표를 개발하여 제시한 바 있다.

취약성에도 불구하고 여전히 많은 학자들이 이에 의존하여 정부, 투표자, 의회의 이데올로기를 측정하고 계량적인 분석(때때로 표본들의 가중 평균치를 활용한 통합분석)을 수행하고 있다는 점이다. 이에 필자는 이 장에서 기존 연구들이 정당의 행태를 분석함에 있어 정당의 경쟁과 이데올로기적 입장의 변화에 따른 동학을 고려하지 못하였다는 점을 지적하고자 한다. 즉, 필자는 대부분의 기존 연구가 정당의 이데올로기를 측정함에 있어 주관적인 평가에 의존하고, 중요한 측정상의 문제를 일으키고 있다는 점을 지적할 것이다. 그리고 매니페스토 데이터를 활용하여 어떻게 정당의 이데올로기를 적실성 있게 측정할 수 있는가에 대한 논의를 전개하고자 한다. 이를 통해 필자는 국가별 · 시기별 정당의 이데올로기를 비교연구할 수 있는 측정지표를 개발하여 제시한 후, 그 타당성을 검증해보고자 한다.

2. 정당 이데올로기 측정방법

지금까지 정당의 이데올로기를 측정하기 위하여 대략 다음의 세 가지 차원에서의 접근이 시도되어 왔다. 첫 번째는 정당의 이데올로기를 전문가 설문조사에 기반하여 측정하는 것이다(Castles and Mair 1984; Huber and Inglehart 1995). 전문가 설문조사의 경우 일반인과 달리 각 국가별 정당을 연구하는 전문가들이 특정 정당의 이데올로기적 성향을 평가함에 있어 상당한 수준의 적실성과 신뢰성을 확보할 수 있다는 점에서 장점을 가질 수 있다. 하지만 실질적으로 설문에 응답한 전문가의 수가 적었다는 점, 정당의 이데올로기를 평가함에 있어 특정한 기준을 마련하여 일관적으로 평가를 하지 않았다는 점, 그리고 일부 정당의 경우 전문가들의 평가가 차이를 보였다는 점—

예를 들어, 우파(좌파) 정당과 중도우파(중도좌파) 정당 간의 차이—등이 문제로 제기된다.

두 번째는 유로바로미터(*Eurobarometer*)나 세계가치조사(*World Values Survey*)에 기반하여 정당의 이데올로기를 측정하는 것이다. 이 접근방법은 주로 시민들에게 좌-우 이데올로기적 측면에서 자신이 어느 위치에 해당하는지, 그리고 그들이 선거에서 어느 정당에게 투표할 의향을 갖고 있는지를 질문한 응답결과를 토대로 정당의 이데올로기를 측정하였다. 즉 좌-우 정당의 위치를 지지자들의 평균적 이데올로기 위치로 측정하여 정당 이데올로기의 측정지표를 제시하고 있다.

하지만 이 접근방법의 경우 국가 간의 비교연구가 어렵다는 점에서 문제가 제기된다. 왜냐하면 일반적으로 투표자들은 자신의 이데올로기를 자기가 속한 국가를 기준으로 하여 '중도'에 위치 지을 가능성이 높기 때문이다. 다수의 국가들을 대상으로 비교연구를 수행하기 위해서는 국가들 간에 관념적인 차원에서 중도에 대한 인식이 동일하다는 점이 가정되어야 한다. 하지만 이것이 현실적으로 가능하지 않다는 점에서 이 접근방법의 문제가 제기된다. 또한 일부 군소정당의 경우 표본의 수가 지나치게 적다는 점도 문제점으로 지적된다.

세 번째는 최근에 제시된 접근방법으로 정당들의 매니페스토 자료에 기반하여 정당의 이데올로기를 측정하는 것이다. 이러한 연구들은 모두 매니페스토 데이터를 사용, 일반적인 차원에서 좌-우 이데올로기적 영역의 속성을 규명하기 위하여 요인분석이나 주인자분석(*principal components analysis*) 등과 같은 상관관계 분석에 기초한 통계방법들을 사용하였다(Budge and Robertson 1987; Bowler 1990; Warwick 1992; Laver and Budge 1993). 그리고 구체적으로 가블과 휴버(Gabel and Huber 2000)의 방법, 레이버와 게리(Laver and Garry 2000)의 수작업 코딩방법(*hand coding scheme*), 에릭슨과 그의 공동연구자들(Erikson et al. 2001)이 제시한 4년 주기 측정방법(*quadrennial measure*), 레이버와 그의 공동연구자들(Laver et al. 2003)이 제시한 단어점수화 기법(*word-scoring technique*), 맥도널드와 그의 공동연구자들(McDonald et al. 2004)이 제시한 레이버-버지 척도의 변형기법 등이 현재 제시되어 있다.

정당의 이데올로기를 측정하기 위해서는 무엇보다도 좌파와 우파의 이데올로기적 특성을 적실성 있게 규정할 수 있는 일련의 범주들을 선택해야 한다. 이러한 작업과 관련하여 지금까지 진행된 연구들 중 가장 포괄적인 차원에서 좌-우 이데올로기 측정지표를 만들어낸 것은 레이버와 버지(Laver and Budge 1993)의 연구라고 할 수 있다. 그 이유는 레이버와 버지가 매니페스토 데이터셋에 제시된 모든 국가와 시기에 대한 분석을 수행하였기 때문이다.

레이버와 버지는 1993년 20개 국가들을 대상으로 통시적인 차원에서 좌-우 이데올로기 측정지표를 산출한 연구결과를 발표하였다. 구체적으로 레이버와 버지는 좌우 이데올로기 측정지표를 구성하고 있는 범주들의 가능한 조합을 찾아내기 위하여 일련의 탐색적인 요인분석(*exploratory factor analysis*)을 시도하였다. 이를 통해 레이버와 버지는 좌파와 우파의 이데올로기적 특성을 규정할 수 있는 각각 13개의 범주를 찾아내었다. 뿐만 아니라 레이버와 버지는 요인분석을 수행하여 이 26개의 범주가 매우 높은 상관관계를 형성하고 있다는 점을 밝혀내기도 하였다. 레이버와 버지가 정당의 이데올로기 측정지표를 산출하기 위하여 사용한 범주들의 구체적인 내용은 〈표 2-1〉에 제시되어 있다.

레이버와 버지가 제시한 26개의 좌-우 이데올로기 범주들[2]은 일련

---

2) 각 범주의 세부적인 정보를 얻기 위해서는 레이버와 버지가 1993년에 출간한 단행본(Laver and Budge 1993, 20-24)을 참고할 수 있다.

〈표 2-1〉 좌파와 우파의 이데올로기 범주

우파 범주	좌파 범주
자유기업	자본주의에 대한 규제
인센티브	계획경제
보호주의: 부정적	보호주의: 긍정적
고전적 경제 개념과 경제적 효율성	통제된 경제
사회보장 증가: 부정적	국유화
헌정주의: 긍정적	탈식민지화
정부의 효과성과 권위	군사력: 부정적
민족적 삶의 방식: 긍정적	평화
전통적 도덕: 긍정적	국제주의: 긍정적
법과 질서	민주주의
민족적 공조와 사회적 조화	사회보장 증가: 긍정적
자유와 국내 인권 문제	교육: 긍정적
군사력: 긍정적	노동집단: 긍정적

의 요인분석에서 지속적으로 사용되게 되었고(Laver and Budge 1993, 24-27), 정당의 이데올로기를 측정하는 중요한 하나의 방식으로 간주되게 되었다. 필자의 경우에도 제2차 세계대전 이후 시기를 대상으로 25개 산업화된 민주국가들[3]의 정당 이데올로기를 측정함에 있어 레이버와 버지가 제시한 26개 범주를 동일하게 채택하고 있다.

정당의 이데올로기를 적실성 있게 측정할 수 있는 일련의 범주들을 선택한 이후에 제기되는 문제점은 어떠한 자료를 토대로 정당의 이데올로기를 조작화할 것인가 하는 점이다. 이와 관련하여 필자는

3) 구체적으로 25개 산업화된 민주국가들은 다음과 같다: 오스트레일리아, 오스트리아, 벨기에, 캐나다, 덴마크, 프랑스, 핀란드, 독일, 그리스, 아이슬란드, 아일랜드, 이스라엘, 이탈리아, 일본, 룩셈부르크, 네덜란드, 뉴질랜드, 노르웨이, 포르투갈, 스페인, 스웨덴, 스위스, 터키, 영국, 미국.

버지(Budge), 로버트슨(Robertson), 헐(Hearl), 클린지만(Klingeman), 볼켄스(Volkens)가 매 선거마다 정당들이 발행한 매니페스토 자료를 수집하여 발간한 자료를 토대로 정당의 이데올로기 측정지표를 개발한 바 있다.[4] 이 매니페스토 데이터는 제2차 세계대전 이후 시기 매 선거별로 모든 주요 정당들이 발행한 매니페스토에 대한 면밀한 내용분석의 결과를 토대로 구축되어 있다. 구체적으로 매니페스토 데이터는 각 정당의 매니페스토에 포함된 모든 내용에서 세부 범주에 속하는 내용이 얼마만큼의 비율을 차지하고 있는가를 백분율로 조사하여 제시하고 있다. 즉 이것은 실질적으로 매니페스토의 길이에 상관없이 데이터 자체를 표준화시킨 것으로, 정당이 중요하다고 강조하는 점에 대한 비교 가능한 측정지표를 만들어내고 있다고 평가할 수 있다.

3. 매니페스토 자료에 기반한 정당 이데올로기의 조작화

매니페스토 데이터는 친좌파적 아니면 친우파적인 경향으로 대표되는 26개 범주들에 대한 정당의 진술들로 구성되어 있다. 필자의 경우 이 26개 좌-우 이데올로기 범주에 기반하여 1998년 다음과 같은 방식으로 선거별 개별 정당의 이데올로기를 측정할 수 있는 지표를 개발한 바 있다(Kim and Fording 1998).

---

4) 매니페스토 자료는 2001년 버지와 그의 공동연구자들(Budge et al. 2001)이 발간한 단행본에 의하여 가장 최근에 보완되었다. 가장 최근의 보완된 매니페스토 자료는 25개 주요 민주국가들을 포함하고 있을 뿐만 아니라 제2차 세계대전 이후의 대부분 기간(1998년까지)을 포함하고 있다.

$$\text{ID Left} = \Sigma\,\text{Pro-Left Statements}$$
$$\text{ID Right} = \Sigma\,\text{Pro-Right Statements}$$

여기서 ID Left는 특정 정당의 매니페스토에서 좌파적 입장을 옹호한 모든 진술의 비율을 의미한다. 그리고 ID Right는 반대로 특정 정당의 매니페스토에서 우파적 입장을 옹호한 모든 진술의 비율을 의미한다. 이 때 특정 정당의 이데올로기(ID Party)는 다음과 같은 방식으로 산출할 수 있다.

$$\text{ID Party} = (\text{ID Left} - \text{ID Right}) \div (\text{ID Left} + \text{ID Right})$$

요약하면 필자는 좌-우 이데올로기 차원에서 정당들의 순수한 이데올로기적 입장을 지표화하여 평가하였다. 그리고 정당 이데올로기의 최종 지표는 특정 정당의 좌파적 진술비율에서 우파적 진술비율을 뺀 값을 전체 좌-우 이데올로기적 진술비율로 나누어 산출하였다. 이러한 과정을 통하여 산출된 정당의 이데올로기 지표는 -1에서 +1 사이의 값을 가지게 되며, 그 수치가 클수록 좌파적 정책을 옹호하는 것을 의미한다. 필자는 정당의 이데올로기를 좀더 용이하게 설명하고 해석하기 위하여 이 수치를 0부터 100 사이의 값으로 전환하였다.[5)]

5) 비록 필자가 레이버와 버지와 동일한 매니페스토 범주를 채택하고 있지만 양자 간에는 일정한 차이점이 존재한다. 레이버와 버지의 측정지표는 필자가 채택한 공식에서 분자에 해당한다. 즉 레이버와 버지는 매니페스토 자료에서 정당의 좌파적 진술비율과 우파적 진술비율의 차이를 고려하여 정당 이데올로기 측정지표를 제시하였다. 이에 맥도널드와 멘데스(McDonald and Mendes 2001, 4-5)는 레이버와 버지의 측정지표를 가감 측정지표(*subtractive measure*)로, 그리고 필자의 측정지표(필자와 동일한 공식을 사용한 레이버와 게리(Laver and Garry

이를 통해 필자는 연구대상 국가별, 그리고 선거별 정당의 이데올로기를 측정하여 매년 각 국가들의 정당 이데올로기를 산출하였다. 선거가 실시되지 않은 해의 경우 선거 사이에 정당의 이데올로기는 비교적 안정적인 특징을 보인다는 가정에 기반한 선형보간법(*linear interpolation*)을 사용하여 결측값을 산출하였다.

이와 같은 방법으로 선거가 실시되지 않았던 해의 정당 이데올로기를 산출할 경우 정당들의 이데올로기가 변화될 수 있다는 점을 고려할 때 일정 수준 문제점이 제기될 수도 있다. 하지만 실질적으로 단기적인 차원에서 정당의 이데올로기는 비교적 안정적인 특징을 보이기 때문에 충분한 타당성을 확보할 수 있다고 판단된다. 더욱이 결측값을 이러한 방식으로 산출하지 않을 경우 선거시점의 차이로 발생할 수 있는 국가 간 비교연구의 편향성 문제를 해소하기 어려웠을 것이라는 점에서 유용한 측면이 존재한다.

2000)의 측정지표도 마찬가지)를 비율 측정지표(*ratio measure*)로 명명하였다. 뿐만 아니라 양 측정지표 사이에는 일정한 철학적인 차이도 존재한다. 하지만 맥도널드와 멘데스(McDonald and Mendes 2001, 5)가 분명하게 지적한 바 있듯이 양 측정지표의 타당성은 연구자가 무엇을 측정하려고 하는가의 문제와 관련이 있다. 만약 연구자의 의도가 특정 정당이 좌파적 가치 대 우파적 가치 중 어느 쪽에 보다 강조점을 두고 있는가를 파악하고자 할 경우 가감 측정지표가 선호된다. 반면 좌파와 우파의 연속된 공간에서 특정 정당이 어느 위치에 놓일 수 있는가를 파악하고자 할 경우 비율 측정지표가 선호된다. 양 측정지표의 경우 이와 같은 차이점에도 불구하고 실질적으로 상관성이 0.95로 나올 정도로 거의 동일한 특징을 보인다고 간주할 수 있다.

4. 결론: 시공간을 초월한 정당 이데올로기의 타당성

지금까지 필자는 다수의 국가들과 다양한 시기를 대상으로 정당의 이데올로기를 적실성 있게 비교연구할 수 있는 측정지표를 개발하는 것이 필요하다는 점을 피력하였다. 그리고 각 선거별 정당들이 발행하는 매니페스토 자료를 토대로 정당 이데올로기 측정지표를 개발하여 제시하였다.

사실 정당의 이데올로기에 대한 타당하고 신뢰할 수 있는 측정지표를 구축하기 위해서 매니페스토 데이터를 활용해야 한다는 점이 명백한 것은 아니다. 매니페스토 자료를 활용하여 정당의 이데올로기를 측정하고자 할 때 제기되는 주요 반론은 투표자들이 전혀 또는 거의 정당의 매니페스토 자료를 읽지 않는다는 점이다. 하지만 이것이 틀림없는 사실이라고 하더라도 매니페스토가 투표자들에 의해서 관측이 가능한 정당 행동의 대표적 지침이라고 볼 수 있다는 점에서 이를 활용하여 각종 이데올로기 측정지표를 개발하는 것이 큰 문제가 되지는 않는다고 판단된다.

더욱이 최근의 경험적인 연구결과들을 고려할 때 정당의 이데올로기를 매니페스토 데이터를 사용하여 측정하는 방식이 타당성을 가질 수 있다는 주장의 증거들은 여러 곳에서 발견되고 있다.

첫째, 각 국가의 정당연구 전문가들의 경우 매니페스토 데이터를 토대로 정당의 이데올로기를 측정한 것이 정당의 역사적인 배경과 인상, 그리고 현실적인 정당의 정책적 대변의 문제를 고려할 때 통시적인 차원에서 잘 부합한다고 확신하는 모습을 보이고 있다(Budge and Hofferbert 1990; 1992; Budge 1994, 458; Klingemann et al. 1994; Hofferbert and Kligemann 1999). 예를 들어, 많은 정치학자들의 기대와는 반대로 미국, 영국, 그리고 구 서독 등을 대상으로 한 경험적 연구들은 정당들이 실제로 그들이 선거에서 제시한 매니페스토를 충실히 이행하는 모습을 보여준다는 점을 밝히고 있다(Robertson 1987; Budge and Hofferbert 1990). 그러므로 비록 매니페스토가 투표자들의 정당에 대한 인식에 직접적으로 영향을 미친다고 간주하기 어렵다고 하더라도 정당의 이데올로기와 투표자의 정당에 대한 인식 간에 존재하는 관계를 고려할 때 매니페스토 자료에 기초하여 산출한 정당 이데올로기 측정지표와 투표자의 인식 사이에는 매우 높은 상관관계가 존재할 가능성이 높다.

둘째, 필자가 산출한 정당 이데올로기 측정지표는 유로바로미터가 정당일체감을 토대로 정당의 이데올로기를 파악하여 제시한 수치와 매우 높은 상관관계를 형성하고 있는 것으로 나타났다. 필자는 1979년, 1983년, 1987년의 유로바로미터 데이터를 활용, 매년 9개 국가들을 대상으로 자기이데올로기점수(*self-placement score*)에 기반하여 정당의 이데올로기 척도를 산출하였다.[6] 그리고 이 척도를 이 시기와 가장 근접한 시기에 실시된 선거를 대상으로 산출한 필자의 정당 이데올로기 측정지표와 비교해 보았다. 그 결과 유로바로미터의 정당 이데올로기 수치와 매니페스토 데이터에 기반하여 필자가 산출한 정당 이데올로기 측정지표 사이에는 0.74의 높은 상관관계가 존재하는 것으로 나타났다.[7]

---

6) 이 타당성 검증에 포함된 국가들은 다음과 같다: 벨기에, 덴마크, 프랑스, 이탈리아, 아일랜드, 룩셈부르크, 네덜란드, 영국, 구 서독. 그리스, 북아일랜드, 포르투갈이며, 스페인의 경우 매니페스토 자료의 부족으로 인하여 분석대상에서 제외되었다. 분석시기(1979년, 1983년, 1987년)는 필자가 임의로 선택하였다. 필자가 이 타당성 검증을 수행함에 있어 중요하게 고려한 점은 필자의 분석이 몇 년간의 기간 동안 충분한 수의 사례에 기초하고 있다는 것을 담보하는 것이었다. 정당의 이데올로기에 대한 이러한 측정방식은 잉글하트와 클린지만(Inglehart and Klingmann 1976)에 의해 처음 사용되었다.

7) 이 장에서 필자는 필자가 개발한 정당 이데올로기 측정지표의 타당성을 검증하기 위하여 다른 정당 이데올로기 측정지표와의 상관관계를 제시하고 있다. 실질

셋째, 필자는 또한 교차국가적 입장에서 정당의 이데올로기를 파악하여 제시한 측정지표 중 가장 높은 공신력을 받고 있는 캐슬스와 메이어(Castles and Mair 1984)의 측정지표와 필자의 정당 이데올로기 측정지표가 매우 높은 상관관계를 형성하고 있다는 점도 발견하였다. 캐슬스와 메이어는 서구 민주국가들을 대상으로 정치학자들에게 극좌 0에서 극우 10점 사이에 정당의 이데올로기를 배치하도록 요구하여 정당의 이데올로기를 산출하였다. 즉 캐슬스와 메이어는 특정 정당에 대하여 정치학자들이 평가한 이데올로기 점수의 평균을 산출하여, 이를 그 정당의 이데올로기 점수로 간주하였다. 그리고 정치학자들이 각 정당의 이데올로기를 평가함에 있어 참조한 틀이 자국의 범위를 벗어나 확대되었기 때문에, 이 이데올로기 수치에 대한 국가 간 교차분석이 가능하다고 주장하였다.

캐슬스와 메이어에 의해 보고된 정당의 이데올로기는 1980년대 초반에 수집된 정보에 기초하고 있기 때문에 응답자의 시대적인 참조의 틀은 평가시점의 전 시대까지를 포함할 가능성이 높다. 그러므로 필자는 1974년 이후에 실시된 모든 선거를 대상으로 정당의 이데올로기를 산출한 다음 그것을 캐슬스와 메이어가 제시한 정당의 이데올로기와 비교하였다. 케슬스와 메이어의 정당 이데올로기 측정지표와 필자의 정당 이데올로기 측정지표 사이에는 0.85(사례수=67)의 매우 높은 상관관계가 존재하는 것으로 나타났다.

넷째, 정당의 이데올로기 수치를 산출함에 있어 매니페스토 데이

적으로 선험적인 차원에서 타당성을 보여주고자 할 때 상관관계의 최소 수준을 어느 정도로 설정할 것인가를 결정하기는 어렵다. 그러므로 필자가 제시한 상관관계의 정도를 평가하는 것은 독자의 몫으로 남겨두고자 한다. 다만 필자의 정당 이데올로기 측정지표가 다른 측정지표들과 비교하여 0.70을 넘는 상관관계를 보인다는 점은 상당히 높은 수준의 타당성을 보이는 것이라고 생각한다.

터가 유용하다는 점은 휴버와 가블(Huber and Gabel 2000)에 의해 발표된 일련의 광범위한 분석을 통하여 확고하게 정립되어 있다. 이들은 다각적인 요인분석에 기초하여 몇몇 다른 종류의 정당 이데올로기 측정지표를 산출한 바 있는데, 결과적으로 매니페스토 데이터에 기반하여 정당의 이데올로기 측정지표를 산출한 것이 휴버와 잉글하트(Huber and Inglehart 1995)가 제시한 정당 이데올로기 수치 및 세계가치조사의 집합자료에 의해 산출한 정당의 이데올로기 수치와 매우 높은 상관관계를 형성하고 있다는 점을 밝혔다.[8]

---

8) 휴버와 가블(Huber and Gabe 2000)은 매니페스토 데이터에 기반하여 정당의 이데올로기를 측정한 방식들이 정치현상을 설명함에 있어 만족스러운 성과를 내고 있다는 점을 인정하고 있다. 그러면서도 그들은 다소 다른(좀더 간결한) 매니페스토 범주를 설정하여 자신들의 측정방식이 레이버와 버지(Laver and Budge 1993), 그리고 이후에 나온 필자(Kim and Fording 1998) 및 레이버와 게리(Laver and Garry 2000)의 측정지표와 비교하여 장점을 가지고 있다고 표명한 바 있다. 필자의 정당 이데올로기 측정지표, 즉 레이버와 버지가 제시한 매니페스토 범주를 토대로 한 측정지표의 경우 최근의 정당체계와 정당경쟁을 연구하여 발표한 논문들의 다수가 이 측정지표를 사용하고 있다는 점에서 유용성을 인정받고 있다.

제3장 | 주요 민주국가의 정당 이데올로기

미국, 영국, 일본, 프랑스, 독일의 예

1. 서론

매니페스토 연구의 최고 성과는 좌-우 이데올로기 차원에서 광범위한 시간에 걸쳐, 그리고 다양한 국가들을 대상으로 정당의 정책 변화를 측정할 수 있다는 점에 있다. 이에 필자는 앞서 제2장에서 매니페스토 데이터에 기반하여 정당의 이데올로기를 측정할 수 있는 지표를 개발하여 제시하였다.

이 장에서 필자는 주요 민주국가의 정당 이데올로기에 대하여 살펴보고자 한다. 구체적으로 필자는 이 장에서 미국, 영국, 일본, 프랑스, 독일의 사례를 선별하여 광범위한 기간 동안 정당의 이데올로기가 어떻게 변화되었는지를 그래프로 제시하여 보여주고 설명하고자 한다.

이처럼 필자가 앞서 제2장에서 개발한 정당 이데올로기 측정지표를 토대로 국가별 정당 이데올로기에 대한 그래프를 제시하여 살펴보고 있는 이유는, 이것이 실제 세계와 얼마나 잘 부합하고 있는가를 고찰해보기 위해서이다. 즉 필자는 정당 이데올로기의 그래프를 통하여 좌파-우파의 이동이 정당의 명백한 역사적인 변동 또는 정당 정책의 중요한 변화와 얼마나 연계되어 있는가를 확인해보고자 한다. 예를 들어, 필자는 본 장에서 다음과 같은 질문들에 대한 답을 모색하고자 한다: 1959년 독일의 사민당이 마르크시즘을 포기한 이후 선거 프로그램상에서 우파적 성향의 운동이 일어났는가? 1990년대 클린턴(Clinton)과 블레어(Blair)의 이데올로기적 변화 도모는 필자가 제시하고 있는 그래프에 잘 반영되어 나타나고 있는가?

중요한 정책 문제에 대한 정당의 입장을 그래프로 나타낼 경우 정당의 이데올로기가 시간의 흐름에 따라 수렴되는 특징을 보였는지 아니면 분산되는 특징을 보였는지를 파악할 수 있다. 또한 '이데올로기의 종언' (Bell 1962) 또는 '역사의 종말' (Fukuyama 1991)과 같은 예언적 주장의 적실성도 평가할 수 있다. 뿐만 아니라 단기간에 발생한 정당 이데올로기의 변동이 전략적 동기에 의한 것인지 아니면 '방향 없는 변동' (Budge 1994)의 특징을 보이는 것인지를 파악함에 있어서도 유용성을 가질 수 있다.

2. 주요 민주국가의 정당 이데올로기

미국의 정당은 본질적으로 실용적이고 비이데올로기적인 특징을 보인다고 간주되어 왔기 때문에 오늘날까지도 유럽의 사회당과 보수당의 구분과 비교하여 미국의 정당을 좌-우 이데올로기 차원으로 분류할 수 있겠는가에 대한 의문들이 제기되고 있다(Ware 1996, 25-26). 하지만 〈그림 3-1〉에서 보는 것처럼 좌-우 이데올로기 차원에서 미국 정당의 이데올로기를 그래프로 표시해 보면 미국의 공화당과 민주당의 경우 유럽의 사회당과 보수당보다 이데올로기적으로 더욱 명확하게 구분이 되어 있다는 점을 알 수 있다. 즉 미국의 공화당과 민주당은 상호 명확한 이데올로기적 거리를 유지하는 특징을 보이고 있다.

물론 이것이 미국의 경우 정당들의 정책적 위치가 변화하지 않는다는 것을 의미하는 것은 아니다. 미국적 맥락에서 좌-우 이데올로기적 설명의 유효성은, 그래프로 표시된 정책 변화가 제2차 세계대전 이후 정치사의 중요한 전환점과 어떻게 맞물리고 있는가를 언급할 때 보다 설득력 있게 밝혀질 수 있을 것이다. 따라서 1954년 아이젠하워(Eisenehower)의 한국, 부패, 공산주의에 대한 강경한 정책노선은 1956년 중도적 행정부가 구성됨에 따라 많이 온화해지는 경향을 보였다. 그리고 이러한 온건화 추세는 이후 1960년, 1968년, 1972년의 닉슨(Nixon) 행정부하에서도 지속되었다. 그 사이에 1964년 골드워터(Goldwater)의 입후보는 급격한 우경화를 초래하기도 하였다. 또한 레이건(Reagan)과 부시(Bush) 정부하에서 정당은 우익으로 돌아섰고 실질적으로 그 상태에 머물렀다.

한편 '공정한 거래(*Fair Deal*)'와 '위대한 사회(*Great Society*)'를 주창한 민주당원들은 1968년 험프리(Humphrey)의 중도적 지향을 제외하고는 비교적 지속적으로 좌파적 위치에 머물러 있는 특징을 보였다. 1980년대에 들어서면서 미국의 정당들은 우익 쪽으로 움직이는 모습을 보여주었다. 하지만 1992년 클린턴(Clinton)이 나와 정부의 간섭에 반대하고, 사회적 연대와 가족의 가치를 강조함으로써 중요한 변화가 야기되었다.

공적인 기록으로부터 우리가 알 수 있는 것들을 고려하여 시계열(*time series*)의 차원에서 미국 정당의 이데올로기를 설명할 때 예외적인 상황은 거의 없거나 단지 극소수만 존재한다. 즉 〈그림 3-1〉은

〈그림 3-1〉 미국의 정당 이데올로기

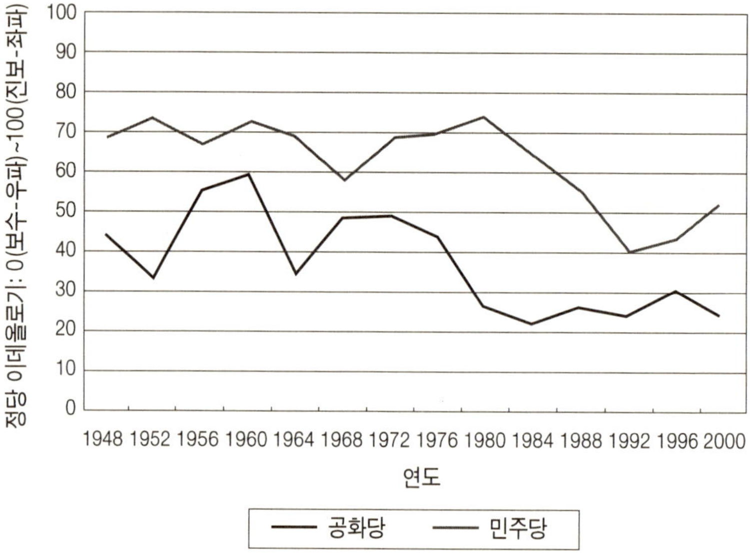

미국 정당의 이데올로기 변화에 대한 이전의 지식들을 요약해 놓은 것인 동시에 그 지식에 실질적인 수치를 부여한 것으로 평가할 수 있다. 예를 들어, 우리는 〈그림 3-1〉을 통하여 다음의 사실을 명확하게 인지할 수 있다: 1984년 레이건은 공화당원들을 1964년 골드워터가 하였던 것보다 더욱 우익 쪽으로 데려갔다. 클린턴의 정책 변화에도 불구하고 민주당과 공화당 사이에는 여전히 명확한 구분이 남아 있다. 그러므로 시계열적 차원에서 정당의 이데올로기적 수렴과 분산이 어떻게 진행되었는가에 대한 명확한 지식을 가지고 있을 때 우리는 더욱 정확한 역사를 서술할 수 있을 것이다.

한편 영국의 경우 많은 면에서 미국의 정당 정책에 가장 직접적으로 영향을 받는 국가라는 점에서 정당 이데올로기의 변화를 살펴볼 필요가 있다. 영국 정당의 이데올로기 변동을 나타낸 〈그림 3-2〉를

〈그림 3-2〉 영국의 정당 이데올로기

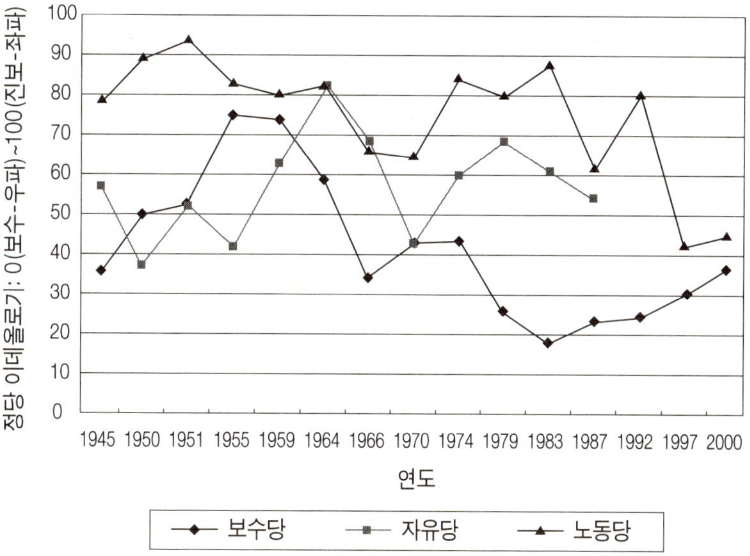

보면 일단 미국과 비교하여 제3당인 자유당의 존재로 인하여 좀더 복잡한 양상이 전개되고 있음을 목격할 수 있다. 다만 두 개의 주요 경쟁자, 즉 보수당과 노동당에 잠시 주목하면 양 정당이 이데올로기적으로 서로를 뛰어 넘지도 겹치지도 않으면서 명확하게 구분되어 있다는 점을 알 수 있다. 노동당은 일반적으로 1997년 총선거가 실시되기 이전까지 좌파의 영역에 머물러 있었다. 하지만 1997년 총선거를 통하여 블레어가 집권한 이후 노동당은 역사상 처음으로 이데올로기적으로 중도의 위치를 넘어서게 되었다.

한편 보수당은 1950년대 초기 복지국가와 노동당의 국유화 요구를 대부분 수용하면서 전략적으로 좌경화되는 경향을 보였다. 이후 1974년 2월의 위기선거(*crisis election*) 때 유일하게 주춤하였지만 보수당의 이데올로기는 지속적으로 우경화되는 경향을 보였다. 특

〈그림 3-3〉 일본의 정당 이데올로기

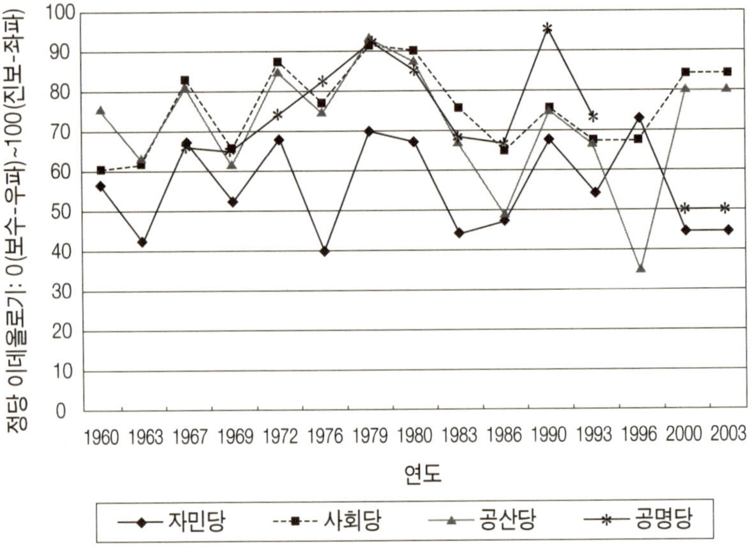

히 대처(Thatcher)가 1979년에 이같은 보수당의 우경화를 강력하게 추진하였다.

자유당의 경우 1950년대 불명확한 이데올로기적 변화를 도모하였지만 이후 1960년대 중반부터는 견고한 중도적 입장을 고수하였다. 블레어가 선도한 노동당의 급격한 이데올로기적 변화(*leapfrogging*)로 인하여 1997년 총선거에서 자유당은 가장 좌파적인 정당의 위치에서 경쟁하게 되었다. 하지만 실제로 이 시기 자유당의 이데올로기적 위치는 이전과 비교하여 큰 차이를 보인 것은 아니었다.

일본의 경우 영어를 사용하지 않은 민주국가로서 독특한 선거제도를 채택하고 있었다는 점에서 정당 이데올로기의 특징을 살펴보는 작업이 흥미로울 수 있다. 일단 일본에서 이데올로기적으로 가장 특색이 있는 정당은 명확하게 일관적으로 중도적 위치를 고수하고 있는 자민당이다. 그리고 사회당 또한 대부분의 경우 좌파정당으로서의 특징을 잘 보여주고 있다.

〈그림 3-3〉을 보면 1990년 자민당의 이데올로기와 다른 정당들의 이데올로기가 매우 근접한 특징을 보이고 있다는 점을 목격할 수 있다. 이것은 이 시기 자민당이 집권당으로서의 입지가 약화되었다는 점을 암시한다. 그리고 실제로 사회당의 경우 이 기간 동안 비자민당 연립정부를 구성하는 데 주도적인 역할을 수행한 바 있다.

공산당의 경우 1980년대 후반 소련 연방이 붕괴되기 이전까지 명확한 이데올로기적 태도를 유지하고 있었다. 하지만 소련 연방이 붕괴된 이후 공산당은 이데올로기적으로 자민당을 따라다니면서 큰 변화를 도모하는 모습을 보였다. 한편 공명당의 경우 여타 군소정당과 유사한 이데올로기적 대변화를 도모하였는데, 대부분의 경우 자민당과 이데올로기적으로 명확하게 구분되는 특징을 보였다.

〈그림 3-4〉는 프랑스 제4공화국과 제5공화국에서 정당의 이데올로기가 어떠한 변화의 모습을 보였는가를 그래프로 나타낸 것이다. 프랑스의 사례는 이원집정제(*semi-presidential system*)라는 독특한 통치권력구조(때때로 다른 대통령제보다 더욱 대통령제의 특성을 보임)를 채택하고 있다는 점에서, 그리고 정당들이 분열, 통합, 명칭 변경 등을 통하여 다양한 변화의 양상을 보였다는 점에서 주목할 만하다.

프랑스의 정당은 좌-우 이데올로기 차원에서 비교적 명백하게 구분되어진다. 실제로 1970년대 사회당은 공산당에 대한 급진적인 개혁 프로그램을 추진하였고, 이것은 1972년 '좌파 공동 프로젝트(*Common Project of the Left*)'의 승인을 이끌어내었다. 이러한 상황하에서 좌파 정당들의 이데올로기적 수렴이 예상되었고, 어느 정당이 좀더 좌파적인 성향을 보이는가의 문제는 중요하게 간주되지 않았다.

〈그림 3-4〉 프랑스의 정당 이데올로기

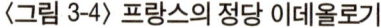

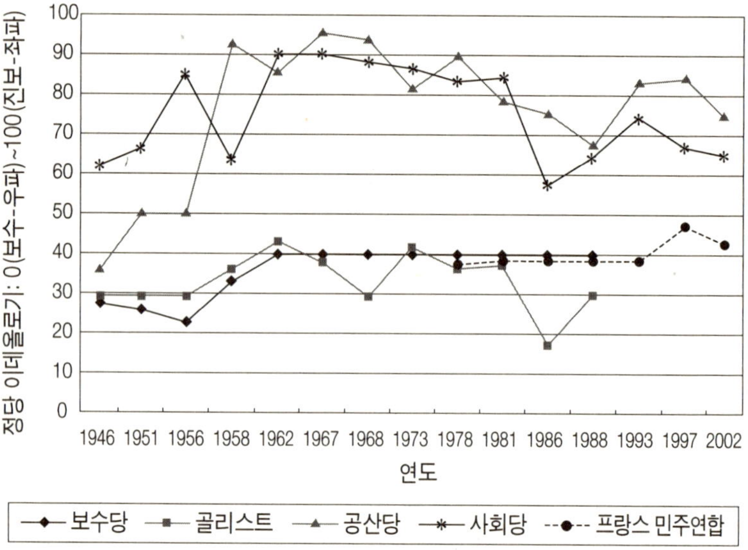

1970년대 이후 사회당과 공산당은 명시적이든 아니면 묵시적이든 그들을 제시한 선거공약과 자연스럽게 부합하는 이데올로기적 위치로 이동하는 모습을 보여주었다. 프랑스의 경우 좌파와 우파의 두 개 주요 정당들은 이데올로기적으로 매우 근접해 있는 특징을 보인다. 그 이유는 프랑스의 경우 결선투표제를 채택하고 있어 선거가 기본적으로 개별 정당들간의 경쟁을 중심으로 진행되기보다는 전체적으로 좌파 진영과 우파 진영 사이의 경쟁을 중심으로 진행되기 때문이다.

독일의 경우 연립정부를 구성하고 있는 정당들은 그들이 선거에서 다수의 지지를 획득하여 다시 내각을 구성하게 된다면 어떠한 정책들을 수행할 것인가에 대하여 그들의 의도를 공표한다. 1998년 선거까지 사민당과 기사당-기민당 기독연합과 같은 주요 거대정당들은

〈그림 3-5〉 독일의 정당 이데올로기

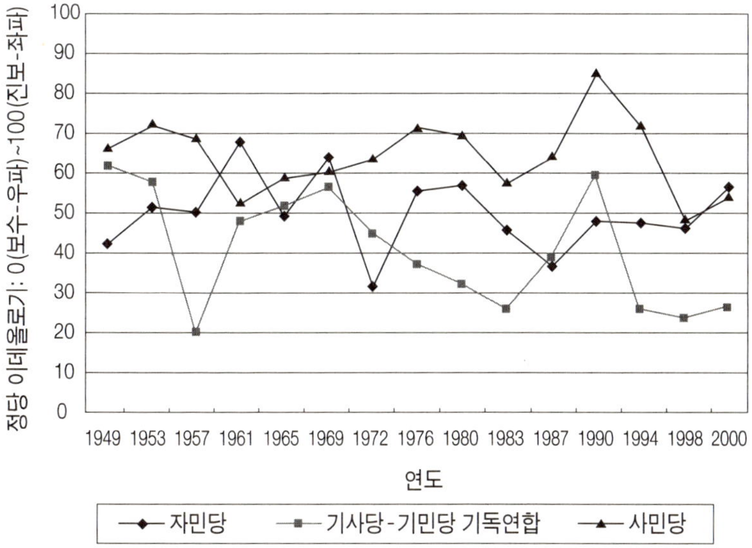

정권을 장악하기 위하여 자민당의 지지가 필수적이었다. 이러한 역할로 인하여 자민당의 경우 때때로 기사당-기민당 기독연합과 사민당보다 이데올로기적 좀더 우파적인 또는 좌파적인 경향을 보이기도 하였지만 〈그림 3-5〉에서 보는 것처럼 전반적으로 중도적인 위치를 유지하는 특징을 보여주었다. 반면 기사당-기민당 기독연합과 사민당의 경우 이데올로기적으로 확연히 구분되는 특징을 보여주었다.

우리는 이 그래프를 통하여 독일의 정치사에서 발생한 두 개의 특별한 사건이 정당의 이데올로기에 미쳤던 영향을 살펴볼 수 있다. 먼저 1959년 사민당이 권력의 추구를 위하여 마르크시즘의 포기를 선언한 사건을 살펴볼 필요가 있다. 사민당의 이 선언으로 인하여 '이데올로기의 종언'에 대한 주장(Bell 1962)과 사회적인 기반이나 이데올로기적인 제휴가 없이 오로지 득표만을 위하여 헌신하는 포괄정당

(*catch-all party*)의 등장(Kirchheimer 1966; Krouwel 1998)에 대한 논의가 생겨나게 되었다.

〈그림 3-5〉를 보면 1959년의 경우 선거가 실시되지 않았지만, 1961년 선거는 사민당이 이데올로기적으로 우경화되는 전환적인 모습을 분명하게 보여주고 있다. 그리고 이처럼 그래프상에서 나타난 사민당의 이데올로기적 변화는 당시의 상당히 실용적이고 온건한 선거 프로그램과 더불어 권력 추구를 위한 마르크시즘 포기 선언과 확실하게 잘 들어맞는 특징을 보인다.

그럼에도 불구하고 이와 같은 사민당의 이데올로기적 전환을 전략적인 차원의 변화 이상으로 확대하여 해석하는 것도 문제가 있다. 왜냐하면 1980년대 말 사민당은 1950년대 초보다 이데올로기적으로 더욱 좌경화된 모습을 보였기 때문이다. 논평가들이 언급한 바 있듯이 1998년 사민당은 전례 없이 친기업적이고 정통통화론의 입장을 보였던 슈뢰더(Schröder)를 수상으로 선택함으로써 급속하게 우경화되는 모습을 보이기도 하였는데, 이같은 사민당의 이데올로기적 변화 역시 〈그림 3-5〉에 잘 나타나 있다.

다른 보수적 성향의 정당들과 마찬가지로 기사당-기민당 기독연합은 제2차 세계대전 이후 급격하게 우경화되는 모습을 보여주었다. 기사당-기민당 기독연합의 보수성에 대한 유일한 예외는 독일의 통일과 관계된 1990년 중대선거에서 정치적 변화를 수행해나가기 위한 정부 개입의 강조로 인하여 좌파적인 모습을 보였다는 점인데, 이같은 특징 역시 〈그림 3-5〉에 잘 반영되어 있다.

3. 결론: 유효성과 계발

이 장에서 필자는 세 개의 과제를 수행하는 데 초점을 맞추었다.

첫째는 주로 표상적인 것으로 좌-우 이데올로기상에서 정당을 위치시키는 데 매니페스토 자료가 어떻게 이용될 수 있는지를 보여주고, 정당의 이데올로기적 변화를 그래프를 통하여 직접적으로 추적하는 것이었다.

둘째는 정당의 정책적 이동을 설명할 수 있지만 그것들은 과연 정확한 것인가의 질문과 관련되어 있는 타당성의 문제였다. 특히 이 문제는 매니페스토 자료를 토대로 작성한 그래프가 전체시기를 관통하여 타당성을 가질 수 있겠는가의 문제와도 연관이 되어 있다. 이 문제와 관련하여 필자는 예언적이고 후측적인 타당성에 관심을 가졌다. 즉 필자가 규명한 정당의 이데올로기적 위치와 변동이 어느 정도 정치적 사건들을 예견하고 있으며 부합하는 모습을 보이는가에 관심을 가졌다. 그리고 구체적으로 이 문제와 관련하여 필자는 다음의 세 가지 질문에 답하려고 노력하였다: 1)정당들의 역사와 기록을 고려할 때 각각의 정당은 정책공간상에서 적절하게 배치되었는가? 2)정당의 이데올로기는 상호 분명하게 구분되는가? 3)정당 이데올로기의 극적인 변화는 특정인의 입후보 또는 연립정부 합의의 변경과 같은 공적인 정치사건들과 연관되어 있는가?

전체적인 타당성 평가에서 정당의 경우 정책적 스펙트럼의 제한된 범위 내에서 자신의 입장과 적절한 이데올로기적 위치를 고수하도록 요구받게 된다는 점을 고려할 때 정당 이데올로기에 대한 연구는 안전한 토대 위에 구축될 수 있다. 그리고 다당제에서 이 점은 정당의 경쟁과 관련하여 제시된 선도적인 이론들(Downs 1957, 122-127; Lipset and Rokkan 1967, 1-67)에 의하여 이미 인정받고 있는 부분이기도 하다. 다만 이 장에서 필자가 제시한 방법을 통하여 정당 이데올로기 문제를 접근할 경우 정당 이데올로기의 중첩이나 급변과 같은 부분들에 대해서도 명확한 구분과 설명이 가능하다는 점에서 유용한 측면이 존재한다.

셋째는 필자의 연구가 정당의 이데올로기에 대한 새롭고 유용한 정보를 제공하는가의 문제이다. 이 장에서 제공한 정당 이데올로기에 대한 그래프와 설명에 대하여 과거에 우리가 이미 알고 있는 것을 단지 세세하게 보여준 것뿐이라고 말할 수도 있다. 하지만 기존의 지식과 전혀 상반되는 이야기를 할 경우 일반적으로 유효성에 대하여 의심을 받게 될 것이다. 하지만 미국의 예에서 볼 수 있듯이 이 장에서는 과거의 지식과 전혀 상반되지 않지만 새롭게 말할 수 있는 것들이 많이 존재한다. 그리고 이것들은 다양한 논쟁들에 대하여 재고를 촉구할 수 있는 자극제와 같은 역할을 할 수 있다.

매니페스토 연구의 가치를 예언적 타당성에 전적으로 의지하여 평가할 필요는 없다. 매니페스토 연구의 가치는 연구의 범위와 적용성 등을 고려하여 다양한 차원에서 평가되어져야 할 것이다. 다만 본 장에서 매니페스토 자료를 토대로 주요 민주국가의 정당 이데올로기를 분석한 것은 더욱 자세하고 접근 가능하게 수치와 공간적 설명을 통하여 정당정치와 관련한 기존 지식들을 새롭게 하였다는 점에서 평가받을 수 있을 것이다.

제4장 | 매니페스토를 통하여 본 투표자의 이데올로기

1. 서론

사회과학 문헌에서 '이데올로기'라는 용어는 상당히 오랜 기간 동안 사용되어 왔다. 그 이유는 부분적으로 집단, 정당, 그리고 심지어는 국가 간의 이데올로기적 차이가 많은 정치적 사건들을 발생시킨다고 알려져 있거나 그렇게 믿고 있기 때문이다. 그러므로 많은 정치학자들은 다양한 역사적 시기를 대상으로 국가 내의 정당 또는 투표자의 이데올로기를 설명하려고 노력해왔다.

이데올로기적인 차이가 많은 정치적 현상들을 발생시키는 것으로 간주되기 때문에 정치학자들은 자주 다른 정당 또는 투표자들 간의 이데올로기적 입장을 비교하기를 원하였다. 하지만 우리의 정치적 행동과 변화의 이론에서 차지하는 이데올로기의 중요성을 놓고 볼 때 지금까지 시간과 국가 모두를 교차하여 비교할 수 있는 이데올로기 측정지표를 만들고자 하는 체계적인 노력은 매우 부족하였던 것이 사실이다.

앞서 지적한 바 있듯이 정당의 경우 대부분의 연구는 일 국가 내의 정당과 정당운동을 비교하거나 비교적 짧은 시간을 대상으로 국가들 간의 정당을 비교하는 것에만 초점이 맞추어져 있었다. 투표자 이데올로기의 경우에도 주로 데이터와 관련한 방법론적인 문제들 때문에 비교정치학자들은 연구를 진행함에 있어 어려움을 겪고 있다. 몇 개 연구들이 다수 국가들을 대상으로 연대기적인 차원에서 투표자 이데올로기의 특성을 다루고 있지만(Inglehart 1977; 1990) 비교정치학자들의 여론조사 자료들에 대한 의존도는 연구대상이 되는 국가와 관찰 가능한 시기를 필수적으로 제한할 수밖에 없다는 점에서 한계점을 갖는다.

모든 서구 민주국가들을 대상으로 투표자의 정확한 이데올로기 분포를 파악하여 설명하는 것은 현실적으로 어렵기 때문에 필자는 연구대상 국가들의 중위투표자(*median voter*) 이데올로기를 파악하여 투표자 이데올로기를 파악할 수 있는 지표로 활용하고 있다. 필자가 중위투표자의 이데올로기를 선택하여 투표자의 이데올로기를 파악한 이유는 이것이 투표자들의 중심화 경향(*central tendency*)을 고려하였을 때, 그리고 이전의 이론적인(*formal theory*) 문헌들에서 중위투표자에 대하여 많이 주목하였다는 점을 고려할 때 타당성을 확보할 수 있다고 판단하였기 때문이다. 이에 필자는 이 장에서 앞서 제2장에서 제시한 정당 이데올로기 측정지표와 각 국가의 선거결과 자료들을 조합하여 중위투표자의 이데올로기를 측정하고자 한다.

구체적으로 본 장의 구성은 다음과 같다. 먼저 필자는 투표자 이데올로기에 대한 평가방법들을 재검토한 후 국가 간 비교연구를 할 수 있는 적합한 방법이 현존하지 않는다는 점을 논의할 것이다. 다음으로 필자는 어떻게 투표자 이데올로기의 개념을 체계화하고 측정지표를 개발하였는지를 설명한 후, 국가별 · 시기별 비교연구를 통하여 그 타당성을 검증할 것이다. 마지막으로 필자는 현재 진행 중인 정치학의 논쟁과 관련하여 필자의 연구결과가 어떠한 연관성을 가질 수 있는가에 대하여 논의할 것이다.

2. 투표자 이데올로기의 대안적 평가지표

일반대중의 이데올로기를 측정하기 위하여 가장 빈번하게 사용되는 자료는 여론조사 자료이다. 그러나 여론조사 자료의 경우 그 잠재적인 장점에도 불구하고 다음의 몇 가지 점에서 태생적인 한계점을 노정하고 있다.

첫 번째로 지적할 수 있는 점은 아마도 제일 중요한 것으로 대표성 있는 여론조사 자료들은 1970년대 이전 대부분의 국가에서 쉽게 구할 수 없다는 사실이다. 예를 들어, 비교정치학 연구에서 가장 자주 이용되는 일반대중 여론조사 자료인 유로바로미터 자료의 경우에도 1971년 이전 시기에 대해서는 자료를 구할 수 없다. 그러므로 결과적으로 이와 같은 여론조사 자료를 토대로 개발된 모든 이데올로기 측정지표들은 기본적으로 횡단적(*cross-sectional*) 분석이나 제한적인 기간에만 사용할 수밖에 없는 한계점을 갖게 된다.

두 번째로 지적할 수 있는 점은 비록 여론조사 자료들이 1970년대 이전에 이미 이용 가능하였고, 따라서 횡단적 분석뿐만 아니라 장기적 분석이 가능하였다고 가정하더라도 이러한 자료들을 비교연구에 이용하기에는 극복할 수 없는 문제점이 존재한다는 것이다. 일반적으로 여론조사의 경우 설문의 표현에 따라 응답자들의 답변은 민감하게 반응하기 때문에 유의미한 비교연구를 수행하기 위해서는 여론조사가 어느 정도 동일한 설문에 기초하고 있어야 한다. 하지만 불행하게도 여론조사에 기초하여 투표자의 이데올로기를 논리적으로 측정할 수 있을 만큼 충분한 수의 동일한 설문들을 설정하고, 다수의 국가들을 대상으로 한 여론조사 자료를 구할 수 있을 지에 대해서는 여전히 회의적이다.

마지막으로 지적할 수 있는 점은 다수의 국가들을 대상으로 동일한 여론조사를 수행한 유로바로미터의 자료의 경우에도 부적절한 측면이 존재한다는 점이다. 유로바로미터 자료의 경우 이데올로기와 관련이 있는 몇 개의 정책문제들을 설정하여 일반대중의 이데올로기를 파악하고 있다. 하지만 이 정책문제들 중 그 어느 것도 일반대중의 이데올로기를 설명함에 있어 장기간에 걸쳐 일관적으로 유효한 영향을 미치는 정책문제는 존재하지 않았다. 또한 거의 모든 유로바로미터 여론조사에 포함된 '자기이데올로기척도(*self-placement scale*)' 역시 매우 제한적인 성격을 보인다. 이데올로기적으로 '좌'와 '우'는 '중도'와의 관계 속에서 응답자의 심중에만 존재한다고 볼 수 있다. 이때 다수의 국가들을 대상으로 이데올로기를 비교연구하기 위해서는 각 국가별로 일반대중의 중도에 대한 인식이 동일하다는 가정이 성립되어야 한다. 하지만 이것이 현실적으로 불가능한 것이 사실이다. 그러므로 자기이데올로기척도를 사용하여 집합적인 차원에서 국가의 이데올로기를 비교연구하는 것은 부적절한 측면이 존재한다.[1)]

이러한 상황 속에서 투표자의 이데올로기를 파악할 수 있는 대안

---

1) 이러한 필자의 비평을 비교적인 상황 내에서 지지할 만한 실증연구를 찾기는 어렵다. 하지만 미국 내에서 자기이데올로기척도의 민감성을 파악할 수 있는 몇 개의 증거들이 존재한다. 예를 들어, 밀러(Miller 1992; 1994)는 여론조사 응답에 대한 연구를 통하여 미국에서 '진보(*liberal*)'와 '보수(*conservative*)'(미국 내에서는 '좌' '우'와 동일)의 개념은 시간의 흐름에 따라 현저하게 변화되었다는 점을 주목하면서 그 이유가 응답자의 사회적 네트워크에 있다는 점을 확인한 바 있다.

으로 기존에 존재하는 데이터를 활용, 가정된 관계에 기반하여 투표자의 이데올로기를 추론하는 방법을 고려해 볼 수 있다. 그리고 실제로 이 방법은 주로 미국정치를 다룬 몇 개의 제한적인 연구에서 채택되었는데, 대체로 다음의 두 가지 형식을 취하였다.

첫 번째 방법은 특정 주(*state*)의 정책은 그 주의 전반적인 이데올로기적 성향을 반영한다는 가정에 근거한 방법이다(Klingman and Lammers 1984). 이처럼 정책에 기반하여 개발된 이데올로기 지표는 모든 중요한 시기에 대한 관찰이 가능하다는 점에서 여론조사 자료에 기반하여 개발된 이데올로기 지표보다 우월한 측면이 존재한다. 하지만 이같은 정책에 기반하여 개발된 이데올로기 지표가 갖는 단점은 일반적으로 연구자들이 자주 설명하려고 하는 것이 정책 그 자체이기 때문에 종속변수로 설정할 수 있는 척도를 마련할 수 없다는 점에 있다.

두 번째 방법은 주에서 선출된 연방 수준의 대표자들이 자신의 지역구, 그리고 전체적으로는 그들이 속한 주의 이데올로기를 반영한다는 가정에 근거한 방법이다. 이러한 접근방법을 취하는 연구자들의 경우 주의 이데올로기는 이익단체들에 대한 의원들의 선호순위에 기초하게 된다고 추론한다(Rabinowitz et al. 1984). 이 측정지표의 경우 현재 적절하게 활용되고 있지만 중요한 단점을 가지고 있는 것 또한 사실이다. 즉 이 측정지표의 경우 투표자 이데올로기뿐만 아니라 엘리트 이데올로기도 측정하는 것이기 때문에, 이를 사용할 경우 엘리트 이데올로기를 연구모델에 포함시키는 것을 불가능하게 한다. 그러나 더욱 중요한 문제점은 서구 민주국가들간에 공통적인 정치제도가 부족하기 때문에 이러한 접근방법은 다수의 국가들을 대상으로 한 연구에서는 쉽게 활용되기 어렵다는 점에 있다.

3. 투표자 이데올로기 측정방법: 조작화

1) 가정

투표자의 이데올로기를 측정할 수 있는 적합한 기술이 부재한 상황 속에서 필자는 대안적인 접근을 시도하고자 한다. 필자는 투표자들이 투표결정을 할 때 어떻게 사고하고 행동하는지에 관한 다음의 세 가지 기본적인 가정들에 기초하여 이데올로기 측정지표를 개발하고 있다.

첫 번째 가정은 좌-우 이데올로기적 차원이 거의 모든 산업화된 민주국가에서 발견되어진다는 점이다. 여론조사에 기반한 연구는 서구 민주국가의 대다수 투표자가 좌-우 이데올로기적 차원에서 정치를 지켜보고, 쉽게 자신의 이데올로기를 특정 타입으로 규정짓는 것을 반복하는 모습을 보여왔다고 주장한다(Inglehart and Klingemann 1976). 초기 연구들에서 이데올로기적 사고가 부재하다고 지적된 미국에서 조차도 좀더 최근의 연구들이 분석한 바에 의하면 이데올로기가 상당한 수의 투표자들을 정치적으로 공략하기 위한 중요한 조직의 틀이었던 것으로 밝혀지고 있다(Acehn 1975; Nie et al. 1976; Jacoby 1995).

필자의 접근방법에 내재된 두 번째 가정은 좌-우 이데올로기가 서구 민주국가에서 투표자의 투표결정에 매우 중요한 영향을 미치며, 이러한 특징이 제2차 세계대전 이후 시기를 통틀어 나타나고 있다는 것이다. 실제로 일 국가 내에서 좌-우 이데올로기가 투표자의 투표결정에 중대한 영향을 미친다는 것을 부인하는 사람은 거의 없을 것이다.[2] 그러나 이러한 이데올로기적 균열의 돌출은 시간이 지나면서,

---

2) 미국의 투표연구에서 이데올로기의 역할은 과거 자주 경시되었던 것이 사실이

특히 제2차 세계대전 이후로는 사라졌다는 의견도 있다. 그리고 이러한 의견은 투표자의 투표행태를 예측함에 있어 사회적 지위의 중요성이 점차 사라지고 있다는 증거에 의해 더욱 부추겨졌다(Franklin 1985). 하지만 이것이 반드시 좌-우 이데올로기가 이러한 경향에 의해서 없어졌다는 것을 의미하는 것은 아니다. 사실 최근의 징후를 보면 비록 이데올로기적 균열이 예전에 그러하였던 것처럼 계층과 강하게 연관되어 있지는 않지만 좌-우 이데올로기 차원은 서구 민주국가에서 정치적인 분파를 가르는 데 가장 중요한 영향을 미치는 결정요인으로 평가되고 있다(Lijphart 1984; Budge and Robertson 1987; Knutsen 1988; Warwick 1992; Blais et al. 1993).[3]

세 번째 가정은 좌-우 이데올로기적 측면에서 국가들 간의 비교연구가 가능하다는 것이다. 사실 이같은 주장을 평가하기 위한 직접적인 증거가 적은 것이 사실이지만 어느 정도 신뢰할 수 있는 이유들이 존재한다. 지난 몇 년간 다수의 국가들을 대상으로 정당의 이데올로기를 비교연구할 수 있는 공통의 이데올로기적 차원이 존재한다는 것을 확인하는 연구들이 많이 제시되었다(Browne et al. 1984; Castles and Mair 1984; Budge and Robertson 1987; Morgan 1987; Laver and Schofield 1990; Warwick 1992; Cusack and Garret 1993). 이러한 연구결과들에 많은 국가들에서 좌-우 이데올로기가 투표자들이 후보자와 정당을 선택하는 데 있어 기본적인 참고사항이 된다는 상

다. 하지만 여론조사 자료 등을 통한 실증적 연구들의 경우 미국에서도 이데올로기는 투표자의 투표결정에 중요한 영향을 미치는 요인이라는 점을 지적하고 있다(Levitan and Miller 1979; McKelvey and Ordeshook 1990).

3) 정당 매니페스토 데이터를 이용하여 레이버와 버지(Laver and Budge 1993)는 서구 민주국가의 경우 좌-우 이데올로기의 특성을 파악할 수 있는 범주들이 존재할 뿐만 아니라 좌우 이데올로기가 정당의 프로그램을 구성하는 데 있어서도 필수적이라는 것을 설득력 있게 보여주고 있다.

식이 덧붙여지면(Inglehart and Klingemann 1976; Laponce 1981; Pecheron and Jennings 1981; Lancaster and Lewis-Beck 1986; Lewis-Beck 1988; Fuchs and Klingermann 1990; Landford 1991) 다수의 국가들을 대상으로 투표자의 이데올로기를 비교연구할 수 있는 공통의 이데올로기적 차원이 존재한다는 것이 논리적으로 성립된다.

좌-우 이데올로기 측면의 비교가능성(*comparability*), 연속성(*continuity*), 관련성(*relevance*)을 가정할 때 우리는 국가별, 그리고 시기별로 비교 가능한 특정 투표자 이데올로기를 측정할 수 있는 방법을 개발할 수 있다. 그렇게 하기 위해서는 먼저 선거를 하나의 커다란 규모로 진행되는 여론조사로 인식해야 한다. 즉 투표를 응답자들에게 좌-우 이데올로기 측면에서 그들의 입장과 이데올로기적으로 가장 근접한 정당을 선택하도록 지시한 설문지로 인식해야 한다. 우리가 정당의 이데올로기를 정확하고 비교 가능한 등간척도(*interval-scale*)로 측정할 수 있는 방법을 가지고 있다는 점을 가정한다는 것은 선거결과를 집단빈도분포(*grouped frequency distribution*)로 처리하고, 중심화 경향을 고려하여 평균과 중앙값을 토대로 정당의 이데올로기를 타당하게 측정할 수 있다는 것을 의미한다. 다시 말해 이것은 연구자가 이데올로기적인 투표자들의 합리적 선택에 기초하여 정당의 이데올로기적 성향을 추론할 수 있다는 것을 의미한다.

2) 투표자 이데올로기의 측정

앞서 제2장에서 필자는 정당 이데올로기 측정지표를 개발하여 제시한 바 있다. 이를 토대로 투표자 이데올로기 측정지표를 개발하기 위해서는 먼저 국가별, 그리고 선거별 투표자 이데올로기의 중앙값을 측정해야 한다.

이 문제와 관련하여 필자는 다음과 같은 세 단계의 작업을 수행하였다. 첫 번째 단계는 선거별로 그 선거에 출마한 각 정당의 이데올로기 수치를 획득하고, 그 수치에 따라서 정당들을 좌-우 이데올로기적 차원에서 배치하는 것이다.[4)]

두 번째 단계는 각 정당에 대하여 그 정당의 지지자들이 좌-우 이데올로기적 차원에서 어디에 위치하는가를 파악한 후 양자 사이의 간격을 확인하는 것이다. 이 과정은 각 정당을 대상으로 그 정당의 바로 왼쪽의 위치하는 정당과의 중간점을 계산하고, 동일한 방식으로 바로 오른쪽에 위치하는 정당과의 중간점을 계산하는 방식으로 진행된다. 이 과정을 마치고 나면 우리는 특정 정당에 투표한 투표자는 좌-우 이데올로기적 차원에서 이 두 개의 중간점 사이에 위치한다고 가정할 수 있다. 이것은 투표자는 자신과 이데올로기적으로 가장 근접한 후보자 또는 정당을 선택하게 된다는 단순한 유클리드 선호관계(*Euclidean preference relations*)의 적용이다. 즉 이 간격의 좌측에 위치하는 투표자는 이 정당보다 좌측에 위치하는 정당에 투표할 것이고, 반면 이 간격의 우측에 위치하는 투표자는 이 정당보다 우측에 위치하는 정당에 투표할 것이다(Kim and Fording 1988, 92-93).

세 번째 단계는 선거별로 각 정당이 획득한 득표율을 확인하는 것

---

4) 정당 이데올로기 측정지표를 만들기 위하여 매니페스토 자료를 활용하는 경우의 문제로서, 투표자들이 대체로 이것들을 읽지 않을 가능성이 높다는 점이 지적되어왔다. 이것은 피할 수 없는 사실이다. 하지만 매니페스토가 투표자들이 관찰할 수 있는 정당들의 행위를 대변한다면 매니페스토를 토대로 개발한 정당 이데올로기 측정지표가 신뢰성이 떨어진다고 가정할 이유도 없다. 그리고 이러한 문제들에 관하여 최근의 증거들은 매스페스터 자료를 활용하여 정당의 이데올로기를 측정하는 것이 설득력을 가질 수 있다는 점을 보여주고 있다. 결과적으로 정당의 매니페스토가 직접적인 방법으로 정당에 대한 투표자의 인식에 영향을 미치는 것은 아니라고 할지라도 매니페스토에 기반하여 개발된 정당 이데올로기 측정지표는 투표자가 인식하는 정당의 이데올로기와 밀접한 관계를 형성하게 되기 때문에 양자 간에는 매우 높은 상관관계가 존재할 것으로 사료된다.

이다.[5] 이를 통해 우리는 사전에 산출한 각각의 간격에 위치하는 투표자의 비율을 얻을 수 있다. 그리고 이 데이터를 집단빈도분포로 변경한 후 통계학 입문 교과서에서 거의 대부분 소개되는 공식[6]을 사용하여 중위투표자의 이데올로기를 측정할 수 있다. 필자가 사용하고 있는 이 공식의 변형은 다음과 같다.[7]

$$M = L + \{(50 - C) \div F)\} \times W$$

- *M* = *중위투표자의 이데올로기적 위치(이데올로기 수치)*
- *L* = *이데올로기 점수에서 중앙값을 포함하는 간격의 최저값*
- *C* = *중앙값이 들어가 있는 간격을 포함하지 않는 범위까지의 득표율 누적빈도*
- *F* = *중앙값이 포함된 간격의 득표율 빈도*
- *W* = *중앙값을 포함하는 간격의 넓이*

---

5) 필자는 이 자료를 얻기 위해 맥키와 로즈(Mackie and Rose 1990)의 저서와 *European Journal of Political Research*가 발간하는 데이터 연감을 참고하였다.

6) 구체적으로 필자는 보른스테트와 노트(Bohrnstedt and Knote 1982, 52)의 공식을 이용하였다.

7) 이 장에서 필자는 투표자의 경우 자신의 이데올로기와 가장 가까운 후보자와 정당을 선택할 것이라는 순수투표(*sincere voting*)의 가정을 수용하고 있다. 그러나 투표자가 항상 자신이 가장 선호하는 후보자(필자의 경우에는 이데올로기적으로 가장 가까운 후보자)를 선택하지 않을 수도 있다는 논쟁도 존재한다. 이것은 전략적 투표(*tactical voting*)라고 알려져 있다. 그러므로 필자가 최종적인 투표자 이데올로기 측정지표를 산출할 때 이러한 전술적 투표의 가능성을 간과하였다는 점에 대하여 문제를 제기할 수 있다. 하지만 필자가 투표자 이데올로기 측정지표를 산출한 대다수의 민주국가에서 전략적 투표에 의해 그 결과가 왜곡될 가능성은 적다는 점에서 별 다른 문제가 되지 않는다고 판단된다. 전략적 투표는 기존 문헌들에서 주로 기술한 것처럼 단순다수 소선거구제에 기반한 다수결적 선거제도하에서 주로 제3정당의 지지자들이 주요 정당을 투표하는 방식으로 이루어진다(Duverger 1963; Riker 1982). 전략적 투표는 또한 비비례대표제 국가의 일부,

필자는 이와 같은 투표자 이데올로기 측정지표를 개발한 이후 25개국 364개 선거연도를 대상으로 일련의 연간 투표자 이데올로기를 계산하였다. 그리고 선거가 실시되지 않았던 시기의 경우 선거 사이에 정당의 이데올로기는 꾸준하게 변화한다는 점을 가정하는 선형보간법을 사용하여 결측값을 추정하였다. 이와 같은 방법으로 선거가 실시되지 않았던 해의 정당 이데올로기를 산출할 경우 모든 정당들의 이데올로기가 꾸준하게 변화된다는 점을 가정하고 있다는 점에서

특히 순위투표(*ordinal ballot structure*) 선거방식을 채택하고 있는 국가에서 나타날 수도 있다. 이것은 필자가 투표자 이데올로기 측정지표를 구축한 15개 국가들 중 6개 국가만이 이와 같은 영향을 받게 된다는 것을 의미한다. 순위투표 선거방식을 채택하고 있는 국가들(아일랜드와 오스트레일리아)은 전략적으로 투표를 할 만한 유인이 최초의 선호투표 단계에서 매우 적기 때문에(Jesse 1995) 필자는 최초 선호투표의 결과만을 사용하였다. 구 서독의 투표자 이데올로기 측정지표를 산출하는 데 있어서 필자는 전략적 투표가 최소일 것으로 기대되는(Barns et al. 1962; Fisher 1973) 정당투표(*Zweitstimme*)의 결과만을 사용하였다. 이렇게 해서 단순다수 소선거구제의 선거제도를 채택하고 있는 세 개의 복수정당 국가가 남았다: 캐나다, 뉴질랜드, 영국. 필자의 초기 전략은 이들 국가의 각 선거에서 전략적 선거의 수준을 예측할 수 있는 모델을 만들어서 그 효과를 통제하자는 것이었다. 이러한 모델을 만드는 데 있어서 필자는 활용 가능한 자료들을 사용하여 우리가 측정할 수 있고 전략적 투표에 영향을 주는 것으로 알려진 요인들을 취합하였다: 두 개의 최고 정당들 간의 인종적 친밀성(Cain 1978; Tsebelis 1986; Niemi et al. 1992), 군소정당의 논쟁으로부터의 거리(Niemi et al. 1992), 그리고 정당 입장 간의 거리(Black 1987). 이러한 변수와 관찰된 전략적 투표의 관계를 측정한 후에(전략적 투표의 수준이 실제적으로 측정된 제한적 숫자의 선거를 기반으로) 필자는 캐나다, 뉴질랜드, 영국의 모든 선거에서 군소정당을 위한 전략적 투표의 예측된 수준을 생성하고, 선거결과를 이에 따라 조정하였다. 필자의 본래 투표자 이데올로기 측정지표와 전략적 투표로 조정된 투표자 이데올로기 측정지표 간의 상관관계가 캐나다, 뉴질랜드, 영국에서 0.99로 나타난 것으로 보아 전략적 투표는 필자의 중위투표자 이데올로기 측정에 중대한 영향을 주지 않는 것으로 나타났다. 이러한 실정을 고려하여 필자는 설명의 간결성과 명확성을 위하여 당초 산출한 투표자 이데올로기 측정지표를 사용하였다. 이들 세 개 국가의 모든 관련된 선거의 전술적 투표를 위한 측정값과 더불어 필자의 전술적 투표 모델은 다른 논문에도 보고되었다(Kim and Fording 1997).

일정 수준 문제를 제기할 수도 있다. 하지만 실질적으로 단기적인 차원에서 정당의 이데올로기는 비교적 안정적인 특징을 보인다는 점에서 충분한 타당성을 확보할 수 있다고 판단된다. 더욱이 결측값을 이러한 방식으로 산출할 경우 선거시점의 차이로 발생할 수 있는 국가간 비교연구의 편향성 문제를 해소할 수 있다는 점에서 유용한 측면이 존재한다(Kim and Fording 1998, 80-84; Kim and Fording 2002).[8)]마지막으로 필자는 연도별로 투표자 이데올로기 측정지표의 월평균값을 계산하여 연도별 투표자 이데올로기 측정지표를 산출하였다.[9)]

---

8) 이같은 국가들 간 선거기간의 불규칙성 때문에 필자가 연구를 수행하는 데 사용하고 있는 매니페스토 데이터의 첫 번째와 마지막 해의 데이터는 국가별로 다소 차이를 보인다. 이들 국가들 중에서 취득 가능한 첫 번째 선거연도는 1945년에서 1949년의 범위 내에 있고, 데이터가 있는 마지막 선거연도는 1986년에서 1988년까지이다. 특정 국가의 투표자 이데올로기를 측정하는 데 있어서 공통적으로 처음과 마지막 연도를 정해야 할 필요성 때문에 필자는 다음과 같은 전략을 사용하였다. 처음의 관찰객체를 위하여 필자는 1946년을 공통적인 시작연도로 선택하였다. 필자의 연구에서 분석대상인 15개 국가들 중 5개 국가는 1년에서 3년 정도 뒤로 외삽(*extrapolating*)하는 방법을 사용하는 것이 요구되었다. 마지막 관찰객체를 위하여 필자는 1989년을 공통적 마지막 연도로 선택하였다. 필자는 이것을 한 선거 앞의 정당 이데올로기 측정지표로 외삽하고, 이러한 정당 이데올로기 측정지표와 적합한 선거결과를 추가적인 중위점수로 산출하였다. 이렇게 함으로써 필자는 몇 개의 경우에 1990년대 초반까지, 그리고 모든 경우에 최소한 1989년까지의 자료들을 확장할 수 있었다. 이러한 전략은 최소한의 외삽법을 사용하면서 매니페스토 데이터셋이 포함하고 있는 거의 모든 정보를 이용할 수 있다는 장점을 갖는다.

9) 지금까지 투표자 이데올로기 측정지표를 만들려는 시도가 여러 차례 있어왔다. 이러한 시도는 주로 미국(Durr 1993; Erikson et al. 2001)과 서유럽(Huber 1989; Powell 2000)의 시민들을 대상으로 실시한 여론조사 자료에 기반하여 투표자의 이데올로기를 설명하고자 하였다. 비교적 최근에 맥도널드(McDonald 2002)는 필자의 투표자 이데올로기 측정지표를 약간 수정하여 새로운 지표를 고안해내었다. 필자의 투표자 이데올로기 측정지표는 이들 측정지표와 매우 높은 상관관계를 형성하고 있다는 점에서 타당성이 인정된다(Kim and Fording 1998, 80-84).

4. 투표자 이데올로기의 타당성 검증

비록 투표자 이데올로기 측정지표를 구축하는 데 필자가 제시한 몇 개의 가정들이 이 문제와 관련된 실증연구들에 의하여 지지를 받고 있기는 하지만 이러한 가정들이 완벽하게 유효하기는 어려울 것으로 판단된다. 이 점을 인지하여 필자는 투표자 이데올로기 측정지표의 타당성을 다음과 같은 일련을 실험을 통하여 검증해보고자 한다. 먼저 만약 필자의 투표자 이데올로기 측정지표가 국가별 · 시대별 투표자 이데올로기의 차이에 관한 전통적인 인식에 잘 순응한다면(표면적 타당성), 그리고 기존 연구에서 사용되거나 구축된 투표자 이데올로기 측정지표들과 상호 연관이 높다면(수렴적 타당성) 타당하고 신뢰성 있는 투표자 이데올로기 측정지표를 개발하였다고 확신할 수 있을 것이다.

구체적으로 필자는 필자가 개발한 투표자 이데올로기 측정지표의 타당성을 검증하기 위해서 다음의 두 가지 '시험'을 수행하였다. 첫 번째로 필자는 충분한 자료들이 있는 시대 내에서 중대한 이데올로기적 변화가 발생하였다고 대체적으로 동의하는 두 개의 사례에 대하여 필자가 제시한 투표자 이데올로기 측정지표의 횡단적 타당성을 검증해 보았다. 필자는 먼저 미국 내에서의 이데올로기 변화를 검토해보았다. 스팀슨(Stimson 1991)은 '정책 분위기(*policy mood*)'라고 불리는 좌파적 정책의 대중적 지지를 측정한 바 있는데, 이는 1950년대 초반 이후 미국 내에서 이루어진 여론조사를 대상으로 유사한 정책 아이템에 대한 다소 복잡하고 소모적인 분석에 기반하고 있다. 스팀슨의 측정지표는 비록 필자의 것과 정확히 동일하지는 않지만 필자의 좌-우 이데올로기 차원의 개념화와 매우 흡사한 측면이 존재하기 때문에 비교가 가능하다.

두 이데올로기 측정지표는 〈그림 4-1〉에 제시되어 있다.[10] 필자가

〈그림 4-1〉 투표자 이데올로기 비교: 미국, 1952~1989

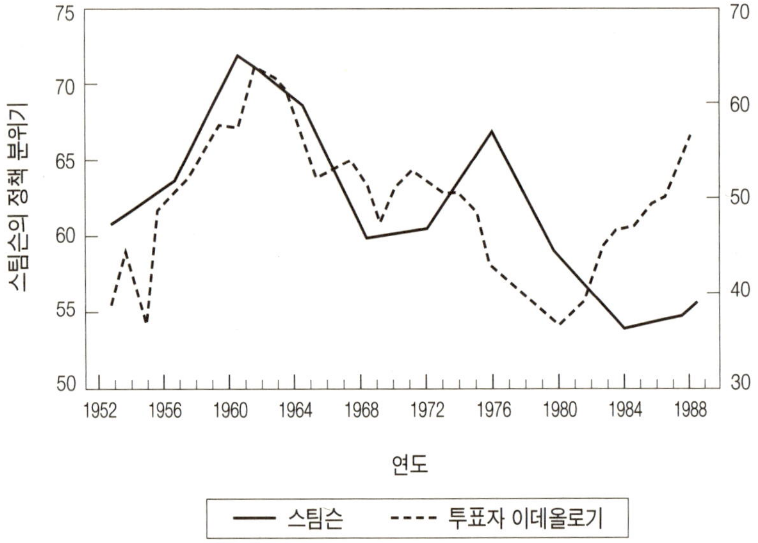

활용한 자료의 특성상 양 측정지표의 실질적인 연도별 비교가 가능하지는 않지만 우리는 이 그림을 통하여 두 측정지표들이 전반적인 특징을 비교할 수 있다. 이 그림을 볼 때 양 측정지표상에서 모두 나타나는 가장 두드러지는 특징은 미국 역사에서 가장 좌경화된 시대는 1960년대 초 중반이라는 것이다. 그리고 양 측정지표들 모두 1980년대 초에서 중반까지 점진적으로 우경화되는 동향이 나타났다는 것이다.

또한 필자는 영국에서 투표자 이데올로기의 횡단적인 편차를 살펴

10) 매니페스토에 기초한 일련의 가치들은 선거연도에 관찰된 이데올로기 점수와 비선거연도의 선형보간법에 기초한 측정을 포함한다. '정책 분위기' 계열 자료들은 스팀슨(Stimson 1994)에 의해 보고된 측정지표들을 갱신하였다. '스팀슨' 계열의 시작연도는 1952년부터이다.

〈그림 4-2〉 투표자 이데올로기 비교: 영국, 1973~1988

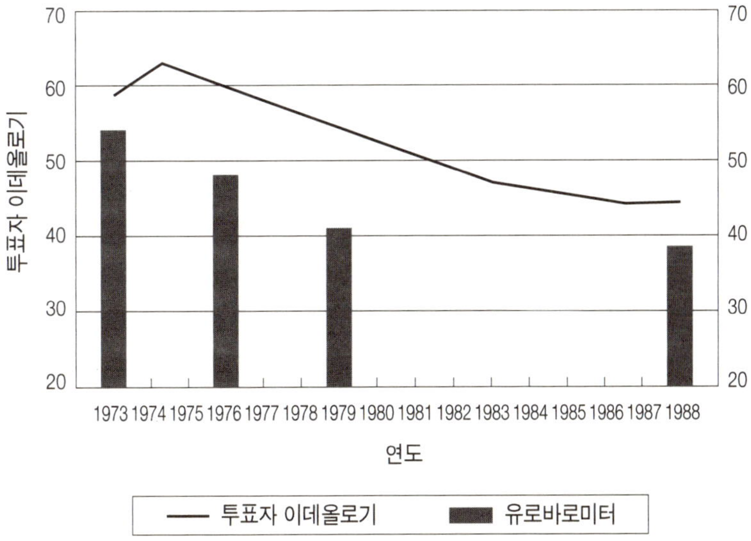

보았다. 여기에서 필자는 필자의 투표자 이데올로기 측정지표를 1973년에서 1988년까지의 유로바로미터 자료를 토대로 구축된 이데올로기 측정지표와 비교해보았다.[11] 유로바로미터 자료의 경우 '좌파 정당지지—우파 정당지지 지표(*left-right partisan support index*)'를 제시하고 있는데, 이것은 정당의 이데올로기를 좌파와 우파의 이분법적인 차원에서 파악한 후 응답자의 정당 선호를 파악한 자료를 통합한 것이다. 그러므로 국가적 수준에서 이 자료가 취합될 경우 그 지표는 좌파 정당을 지지하는 응답자의 비율을 나타낸다. 〈그림 4-2〉에서 볼 수 있듯이 영국의 투표자 이데올로기에 대한 두 측정지표 모

11) 이 분석을 수행하기 위한 연도의 선택은 유로바로미터 자료의 확보 여부와 이 자료에 포함된 특정 연구사례의 빈도수에 따라 제한되었다.

두가 지난 16년간 일정하고 유의미한 우경화의 모습을 보여주고 있다. 다시 말해 이것은 영국의 이데올로기 변화와 관련하여 일반적으로 인지되고 있는 전통적인 인식뿐만 아니라 더욱 체계적인 연구와도 일맥 상통하는 것이라고 하겠다(Castles 1990).

두 번째로 필자는 다른 국가들에 대한 데이터를 활용하여 필자의 투표자 이데올로기 측정지표가 타당성을 갖는지 검증해보았다. 이 검증은 좌-우 이데올로기 차원과 관련한 각 국가들의 이데올로기는 그 국가들이 지향하는 구체적인 정책에 반영되어야 한다는 가정에 기초를 두고 있다. 필자는 가장 좌파적인 정책에 대한 측정지표로 에스핑-앤더슨이 1980년에 창안한 측정지표를 활용하였다(Esping-Anderson 1990, 52). 요약하면 에스핑-앤더슨의 측정지표는 다양한 민주국가들의 복지정책에서 '탈상품화 잠재성(*decommodifying potential*)'을 묘사하기 위한 것, 환언하면 국가의 복지정책의 수준이 얼마나 시장의 의존으로부터 자유로운가를 나타낸다. 필자의 매니페스토 자료에 기초한 1980년의 투표자 이데올로기 측정지표와 에스핑-엔더슨의 탈상품화 잠재성 측정지표 간의 상관관계는 상당히 높게 나타나 필자가 개발한 투표자 이데올로기 측정지표의 타당성을 지지해주고 있다(r=0.77, n=16, 〈그림 4-3〉 참고).[12]

종합적으로 앞서 수행한 검증의 결과를 놓고 볼 때 필자가 개발한 투표자 이데올로기 측정지표는 타당하고 유용하다는 점을 보여준다. 필자가 좌-우 이데올로기 차원에서 제시한 투표자 이데올로기 측정지표가 모든 국가 간의 비교연구를 가능하게 하고, 투표자의 투표결정에 있어서 전적으로 지배적이라고 단언할 수는 없다. 하지만 앞서

---

12) 필자는 이 검증에서 프랑스와 일본의 중위투표자 측정지표는 포함시켰고, 룩셈부르크의 경우에는 에스핑-앤더슨의 탈상품화 잠재력 측정지표가 보고되지 않아 제외시켰다.

〈그림 4-3〉 투표자 이데올로기와 복지정책

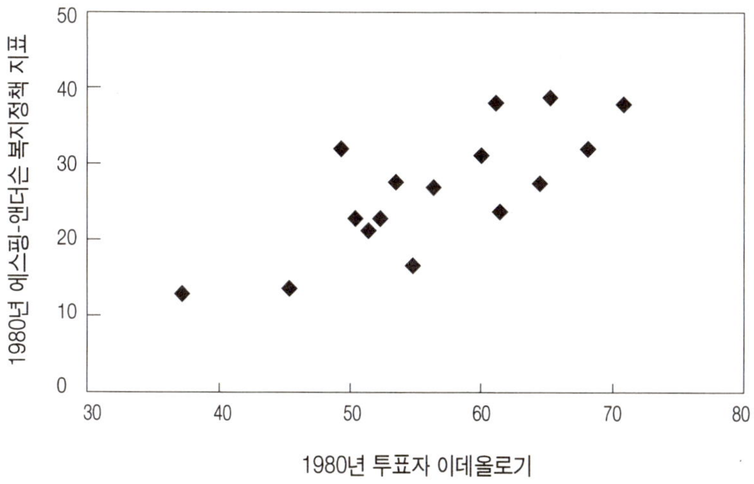

제시한 연구결과의 일관성은 필자가 개발한 투표자 이데올로기 측정 지표가 상당히 정확한 지표가 되기에 충분한 유효성을 가지고 있다는 점을 시사한다. 아울러 필자가 채택한 가정들과 동일한 가정들을 채택하여 정책에 대한 이데올로기의 영향력을 파악하기 위한 실증연구들이 지속적으로 제시되고 있다는 점도 주목할 필요가 있다고 생각한다(Hibbs 1977; Hicks and Swank 1992).

5. 투표자 이데올로기의 국가별 · 시기별 비교

〈그림 4-4〉는 1945년부터 1998년까지의 기간 동안 21개 서구 민주국가들의 중위투표자 이데올로기 평균값이 어떤 차이를 보이는가를 비교하기 위하여 그래프를 작성한 것이다. 즉 〈그림 4-4〉는 분석의

〈그림 4-4〉 서구 민주국가에서의 투표자 이데올로기 1, 1945~1998

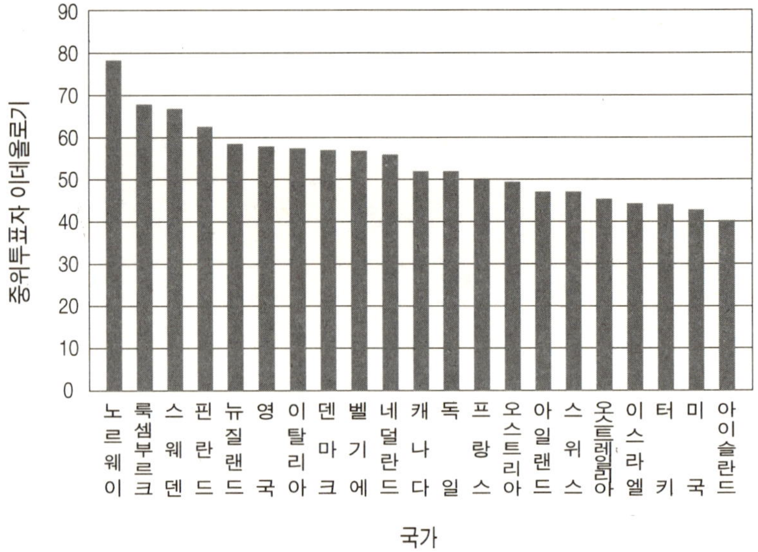

전 기간 동안에 연구대상 국가들의 투표자 이데올로기 특성을 잘 보여주는 한 장의 사진과도 같다. 이 기간 동안 노르웨이, 룩셈부르크, 스웨덴의 경우 투표자 이데올로기가 가장 좌편향적인 특성을 보인 반면 아이슬란드, 미국, 터키의 경우 투표자 이데올로기가 가장 우편향적인 특성을 보였다는 점을 쉽게 확인할 수 있다.

그리스, 일본, 포르투갈, 스페인의 경우에는 여타 국가들과 비교하여 매니페스토 데이터가 수집된 기간이 상대적으로 짧다. 이 매니페스토 데이터셋의 모든 정보를 이용하기 위하여 필자는 〈그림 4-5〉에서 1974년부터 1998년까지의 기간 동안 25개 서구 민주국가들의 중위투표자 이데올로기의 평균값을 국가별로 산출하여 제시해보았다. 〈그림 4-5〉를 통하여 우리는 이 기간 동안 스페인을 제외하고 투표자 이데올로기가 가장 좌편향적인 국가들과 가장 우편향적인 국가들의

〈그림 4-5〉 서구 민주국가에서의 투표자 이데올로기 2, 1974~1998

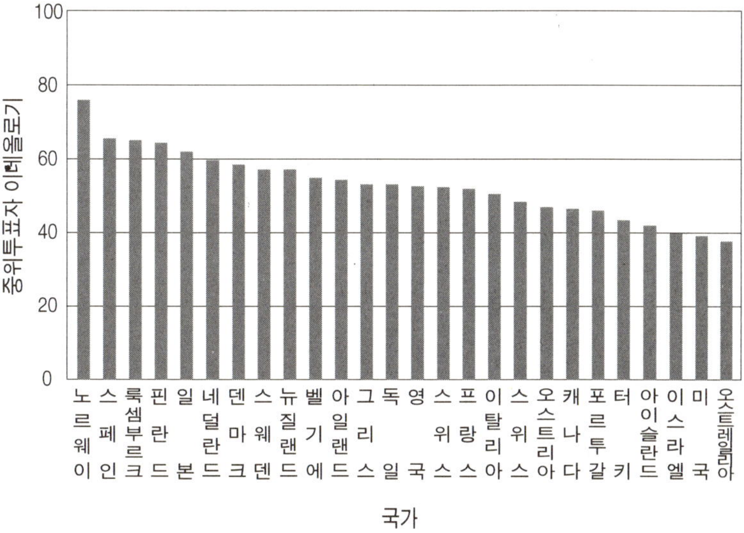

＊ 참조: 매니페스토 데이터셋에 포함되어 있는 25개 국가들은 다음과 같다: 오스트레일리아, 오스트리아, 벨기에, 캐나다, 덴마크, 프랑스, 핀란드, 독일, 그리스, 아이슬란드, 아일랜드, 이스라엘, 이탈리아, 일본, 룩셈부르크, 네덜란드, 뉴질랜드, 노르웨이, 포르투갈, 스페인, 스웨덴, 스위스, 터키, 영국, 미국. 이 매니페스토 데이터셋 안에는 이들 국가의 모든 정당들에 대한 정보가 코드북에 제시되어 있다.

묶음이 앞의 〈그림 4-4〉와 유사한 특징을 보이고 있다는 점을 대략적으로 확인할 수 있다.

다음으로 필자는 〈표 4-4〉에서 제시된 21개 서구 민주국가들을 대상으로 1950년부터 1994년까지의 기간 사이에 이들 국가의 중위투표자 이데올로기 평균값을 산출하여 시기별로 투표자 이데올로기가 어떠한 변화를 보였는가를 파악해보았다. 그 결과는 〈그림 4-6〉에 제시되어 있다. 이를 통해서 우리는 일반적으로 인지되는 것과 일치하게 1960년대와 1970년대 초반에 서구 민주국가들이 좌경화되는 경향을 보였다는 점, 그리고 그 이후 1970년대 후반과 1980년대에는 우경화

〈그림 4-6〉 서구 민주국가에서의 투표자 이데올로기 3, 1950~1994

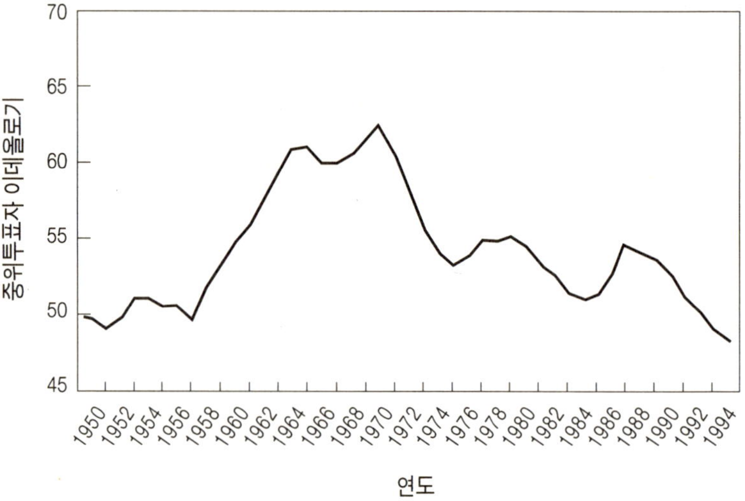

되는 경향을 보였다는 점을 파악할 수 있다.[13]

비록 앞서 제시한 그림들이 연구대상 국가들 대부분에서 나타나는 투표자 이데올로기의 변화양상을 보여준다고 할지라도 이 기간 동안 연구대상 국가들 모두가 실제로 앞서 제시한 그림들과 일치하는 패턴으로 투표자 이데올로기의 변화양상을 보여왔다고 간주하기에는

13) 독자들은 필자가 이 책에서 제시하고 있는 그림들을 살펴보면서 Y축에 표시된 이데올로기의 범위가 다양한 차이를 보인다는 점을 알 수 있었을 것이다. 따라서 독자들의 경우 그림을 볼 때 제시된 수치에 따라 이데올로기적인 차이가 크다 또는 적다는 인상을 받을 수도 있다. 그러나 필자가 이 책에서 그림을 통하여 다양한 시기의 이데올로기적 차이를 보여주고 있는 목적은 숫자들을 비교하는 데 있는 것이 아니라 각 계열 내에서 시대별 비교를 용이하게 하려는 데 있다. 그러므로 필자는 연도별 Y축의 범위를 최소화하여 독자들이 각 계열 내에서 이데올로기의 편차를 더욱 쉽게 관찰할 수 있도록 하였다.

〈그림 4-7〉 투표자 이데올로기의 안정성과 변동성: 미국과 아이슬란드의 사례

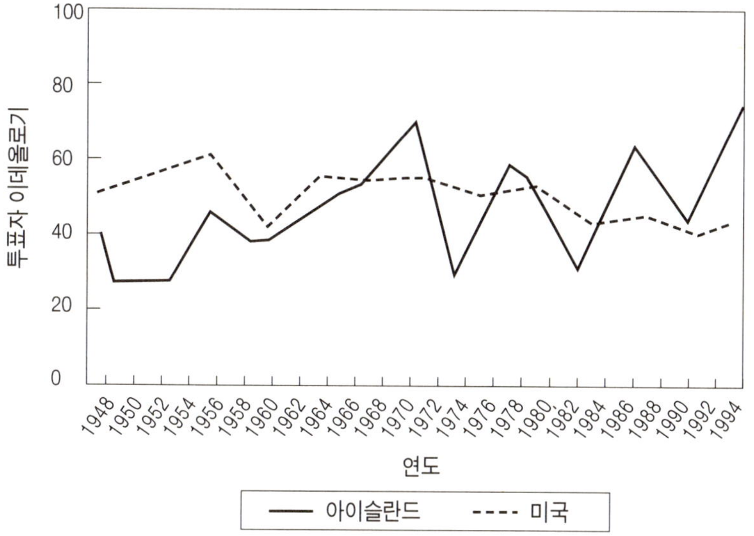

어려움이 존재한다. 즉 다수의 연구대상 국가들이 1960년대에는 좌경화되는 움직임을 보여주고 있지만 실제로 1960년대뿐만 아니라 분석의 전 기간을 통해서 이와 같은 이데올로기적 변화의 수준은 국가별로 중요한 차이들이 보이는 것이 사실이다.

25개 서구 민주국가 전체를 대상으로 이데올로기적 변화양상을 개별적으로 분석하여 서술하는 것은 본 장의 연구범위를 벗어나는 것이라고 판단된다. 다만 필자는 〈그림 4-7〉에서 미국과 아이슬란드 두 국가의 시기별 투표자 이데올로기의 변화양상을 제시함으로써 집합적 수준과 개별적 수준에서 투표자 이데올로기의 변화양상이 차이를 보일 수 있다는 점을 보여주고자 한다. 〈그림 4-7〉을 보면 미국과 아이슬란드는 투표자 이데올로기의 변화양상이 매우 상이하게 나타나고 있음을 확인할 수 있다. 비록 약간의 변화양상이 나타났지만 미국

의 경우 투표자 이데올로기는 분석의 대부분 기간 동안 그 수치가 35점에서 50점 사이에 위치하면서 상대적으로 안정적인 형태를 보이고 있다. 반면 아이슬란드의 경우 투표자 이데올로기는 단기적으로 상당한 변동을 보여 미국의 경우와는 상이한 패턴을 보이고 있다.

이 장에서 연구대상이 되는 모든 국가들의 투표자 이데올로기의 변화양상을 개별적으로 기술하는 것은 지면 관계상 어려움이 존재한다. 다만 우리는 국가별 일련의 투표자 이데올로기 표준편차를 계산함으로써 연구시기 국가별로 투표자 이데올로기 변동성이 상대적으로 얼마나 차이를 보였는지를 가늠할 수 있다. 필자의 투표자 이데올로기 측정지표는 국가별 비교연구를 가능하게 하기 때문에 국가별 투표자 이데올로기의 변동성에 대한 측정지표도 역시 국가별 비교연구를 가능하게 한다. 〈그림 4-8〉은 이와 같은 관점에서 국가별 투표자 이데올로기 변동성의 차이를 비교하기 위한 목적으로 작성한 그래프이다.

〈그림 4-8〉에서 보면 연구시기인 1945년부터 1998년까지 미국, 이스라엘, 독일의 경우에는 상당히 안정적인 투표자 이데올로기 변동양상을 보인 반면 스웨덴, 아이슬란드, 영국의 경우에는 투표자 이데올로기가 중요한 변화를 보였음을 목격할 수 있다. 다만 여기서 이와 같은 표준편차 분석이 투표자 이데올로기 변동성의 다양한 형태를 설명할 수 있다는 점도 주목할 필요가 있다. 예를 들어, 아이슬란드와 아일랜드 등과 같은 몇몇 국가들에서는 단기적인 차원에서 투표자 이데올로기가 변동되는 유형이 지속적으로 나타나는 특징을 보였다. 그리고 1990년대의 스웨덴, 1970년대와 1990년대의 오스트리아 등과 같은 몇몇 다른 국가들에서는 특징적인 투표자 이데올로기의 변동이 단지 특정 시기에만 나타나는 특징을 보였다. 뿐만 아니라 영국 등과 같은 다른 국가들에서 투표자 이데올로기는 중요하지만 점진적으로 변동되는 특징을 보였다. 이 때 〈그림 4-8〉에서 보면 이러

〈그림 4-8〉 투표자 이데올로기의 변동성, 1945~1998

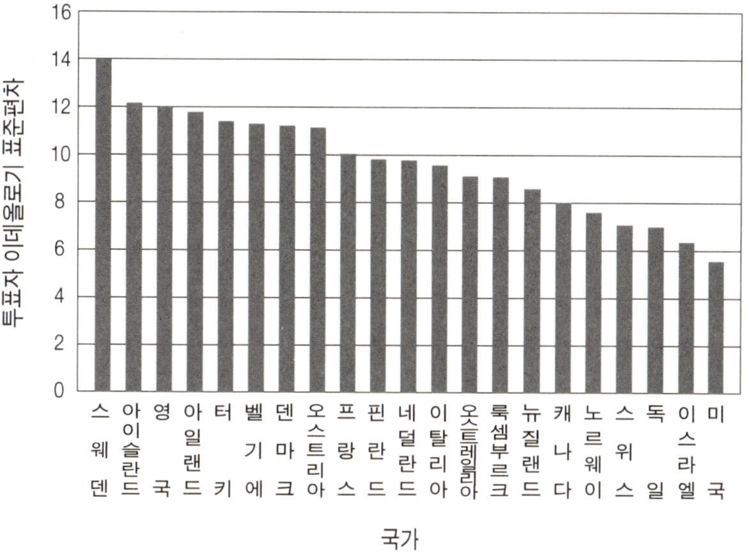

한 모든 형태의 투표자 이데올로기 변화양상을 보인 국가들이 투표자 이데올로기 변동성 수치에 있어서 높은 점수를 기록하게 된다.

필자는 또한 오스트레일리아, 캐나다, 아일랜드, 뉴질랜드, 영국, 미국과 같은 영어를 사용하는 민주국가들의 투표자 이데올로기의 변동양상을 영어를 사용하지 않는 여타 서구 민주국가들과 별도로 분리하여 그 차이를 조사해보았다. 그 이유는 앞서 지적한 바 있듯이 1970년대에 시작되어 1980년대까지 서구 민주국가에서 확장된 우경화 양상은 연구대상이 되는 모든 민주국가들에서 일반적으로 목격할 수 있는 현상은 아니라는 주장과 영어를 사용하는 민주국가들에서 나타난 우경화 양상은 가장 두드러진 특징이었다는 주장을 검증하는 작업이 필요하다고 생각하였기 때문이다. 실제로 캐슬스(Castles 1990)는 영어를 사용하는 민주국가들에서 우경화 양상은 가장 강력

〈그림 4-9〉 서구 민주국가의 투표자 이데올로기: 영어권과 비영어권의 비교

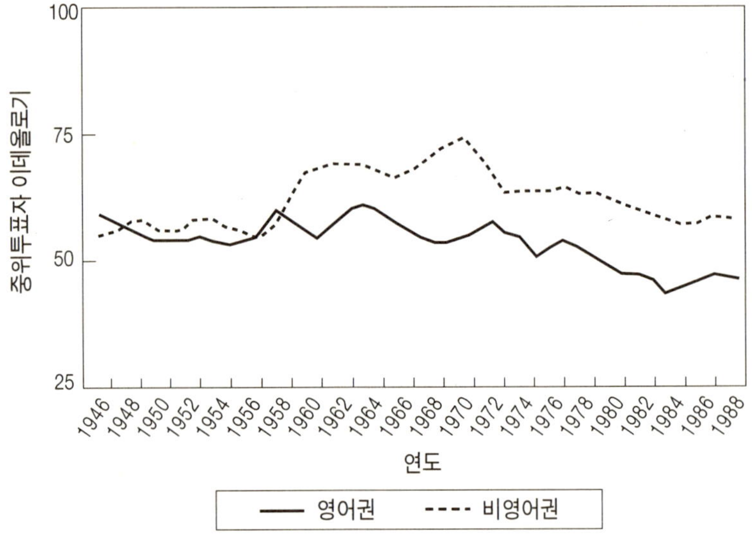

하게 진행되어 왔으며, 이러한 이데올로기적 변화의 증거는 이들 민주국가들이 추진한 경제정책에 의해 목격될 수 있다고 주장한 바 있다. 그러므로 그 가능성에 대하여 고찰하는 연구가 필요한 것이 사실이다.

연구결과, 〈그림 4-9〉에서 볼 수 있듯이 필자는 두 가지의 발견점에 대하여 상당한 확신을 가질 수 있게 되었다.

첫째, 비록 영어 사용 여부를 기준으로 구분한 두 개의 국가집단 사이에 투표자 이데올로기의 차이가 존재하였지만 양 국가집단 사이에 진정한 차이가 발생한 시점은 1980년대가 아닌 1950년대 후반이었다는 점이다. 그리고 이러한 이유로 1950년대 후반 이후부터 양 국가집단 사이에는 상당히 중요한 이데올로기적 거리가 유지되었다. 즉 1950년대 후반 이후부터 영어를 사용하지 않는 서구 민주국가들

의 경우 영어를 사용하는 서구 민주국가들보다 이데올로기적으로 좀 더 좌편향적인 특징을 현저하게 보이기 시작하였다.

둘째, 더욱 중요한 점은 이 두 개 국가집단에서 투표자 이데올로기의 변화양상이 유사한 경향을 보여주고 있다는 것이다. 일반적으로 말해서 1960년대의 경우 전체적으로 서구 민주국가들은 좌경화되는 경향을 보여주었는데, 이것은 이 시기 전반적으로 서구 민주국가들이 경제적인 호황을 경험하였기 때문에 나타난 결과라고 볼 수 있다. 또한 1970년대의 경우 반대로 전체적으로 서구 민주국가들은 우경화되는 경향을 보여주었는데, 이 역시 1970년대 초반 오일 쇼크와 그 이후 서구 민주국가들의 경제적 불황에 기인하여 나타난 결과라고 볼 수 있다.

이처럼 적어도 어느 정도 서구 민주국가들이 공동의 경험을 가지고 있기 때문에 이러한 투표자 이데올로기의 변동양상이 나타난다는 관점에서 보면 호스트와 팔담(Host and Paldam 1990)이 '국제적인 여론 변동(*international opinion swings*)'은 존재하지 않는다고 주장한 근거들은 반박을 당하게 된다. 또한 1980년대 영어를 사용하는 국가들에서 우경화의 경향이 보다 강력하게 나타났다는 캐슬스의 주장도 필자의 관점에서 보면 그가 투표자 이데올로기의 변화를 말한 것이 아니라 당시 이들 국가에서 진행된 친우파적 정책 전환의 문제를 말한 것이라는 점을 지적하고 싶다.

1980년대 영어를 사용하는 국가집단과 그렇지 않은 국가집단 사이에 나타난 우파로의 투표자 이데올로기 전환 수준은 매우 유사한 특징을 보이고 있다는 점을 고려할 때 캐슬스는 양 국가집단 사이에서 발견되는 이데올로기적 상이성을 비이데올로기적 방식으로 설명하였다고 볼 수 있다.

6. 논의

이 장에서 필자는 국가별, 그리고 시기별 투표자 이데올로기를 비교할 수 있는 측정지표를 개발하여 제시하였다. 필자의 투표자 이데올로기 측정지표는 몇 가지의 타당성 검증을 통과하였고, 서구 민주국가에서의 투표자 이데올로기에 관한 많은 흥미로운 통찰을 제공한다. 이 장에서 필자가 파악한 서구 민주국가들의 투표자 이데올로기 경향 자체도 중요한 발견이지만 필자가 제시한 투표자 이데올로기 측정지표는 이전의 방법들로 가능하지 않았던 정치현상을 연구하거나 현존하는 비교정치 연구들의 발전을 도모하는 데 많이 사용될 수 있다는 점에서 중요한 의미를 가질 수 있다고 판단된다(Kim and Fording 1998, 88-91).

그러므로 이 장에서 논의된 필자의 연구는 투표자 이데올로기의 근원과 이것이 정부와 공공정책에 미칠 영향, 그리고 민주주의 이론의 발전 등의 문제와 관련하여 제기될 수 있는 거대한 연구들의 시발점으로 간주할 수 있을 것이다. 필자는 마지막으로 본 장에서 제시한 투표자 이데올로기 측정지표가 이용될 수 있는 비교정치 분야를 지적하고자 한다.

첫째, 서구 민주국가에서 투표자 이데올로기는 국가별 및 시기별 중요한 차이를 보인다. 동시에 앞서 〈그림 4-9〉에서 살펴본 것처럼 영어권 국가들과 비영어권 국가들의 투표자 이데올로기 변동양상은 유사한 패턴을 보여준다. 이는 이들 국가에서 이데올로기적 변화의 원천과 공변성(*covariation*)에 대한 특징은 향후 연구가 필요한 과제로 보여진다. 필자의 투표자 이데올로기 측정지표의 사용과 더불어 국가별, 그리고 시기별 이데올로기의 차이를 설명함에 있어 이데올로기적 확산의 패턴에 영향을 줄 수 있는 문화적 요인과 지리적 요인, 냉전과 같은 국제적 사건들의 잠재적 중요성, 경제적 여건들을 살펴봄으로써 이러한 연구들은 이제 가능할 것으로 판단된다. 그리고 이러한 사실들의 중요성을 살펴봄으로써 우리는 왜 특정한 투표자 이데올로기의 변화가 과거에 일어났는지에 대하여 정확한 판단을 내릴 수 있을 뿐만 아니라 언제, 어디에서 비슷한 변화가 일어날 수 있을지를 예측할 수 있게 해준다. 사실 이미 이러한 방향의 연구는 시작되었다(Kim and Fording 1997b).

둘째, 앞서 서구 민주국가들의 투표자 이데올로기를 그림을 통하여 제시한 부분들을 살펴보면 상대적인 차원에서 배치한 특정 국가의 투표자 이데올로기가 예상한 것과 다른 측면이 존재한다는 점을 발견할 수도 있다. 이러한 차이는 필자가 정권을 잡은 정당과 이들 국가에서의 정책적 결과들에 기반하여 국가의 이데올로기적 경향에 대한 개념을 전반적으로 구축하였다는 점에 기인할 가능성이 크다. 만약 필자가 제시한 결과가 유효하다면, 이것들은 일부 국가에서 시민의 이데올로기와 정부 또는 정책 사이의 연결이 약하다는 것을 의미한다. 많은 경우에 이것은 아마도 정당체계, 선거제도, 그리고 이들 민주국가에서 연립정부를 형성하는 과정에서 나타난 특징에 기인할 가능성이 높다. 결과적으로 필자의 측정지표는 이런 상황에서 투표자 이데올로기와 정권을 잡은 정당의 이데올로기, 그리고 다른 정당체계와 선거제도의 제도적 장치 내에서의 정책 결과물 간의 관계를 검토하는 것을 가능하게 해준다. 환언하면 투표자의 선호를 정부의 정책으로 가장 잘 변환시킬 수 있는 제도적 설계의 지적을 가능하게 한다.

셋째, 수학적인 모델을 특정한 실증적 연구의 이론적 토대로 사용하고자 할 경우 매우 신중을 기해야 한다는 것이다. 소위 '좌파 정당과 우파 정당의 정책은 정말 상이한가?'라는 논쟁을 하나의 예로 들어보자. 이 논쟁은 약술하면 정부 이데올로기의 차이가 경제정책의 결과와 수행력의 차이를 이끄는가에 관한 것이다. 어느 정당이 정권을 장악하든 정권을 장악한 정당들의 경우 정부정책에 있어서 큰 차이를 보이지 않는다고 생각하는 사람들의 경우 중위투표자 이론(Downs 1957), 라이커와 오데슉(Riker and Ordeshook 1973), 에니로우와 히닉(Enelow and Hinich 1984), 그리고 칼버트(Calvert 1985) 이후에 다듬어진 이론 등을 인용하면서 다수결적인 체제 내에서의 정책은 수렴되는 특징을 보인다(*policy convergence thesis*)고 주장할 것이다. 반면 어느 정당이 정권을 장악하는냐에 따라 정부의 정책은 중요한 변화를 야기할 수 있다고 생각하는 사람들의 경우 왜 중위투표자 이론이 실제 사회를 반영하고 있지 않은지를 팰프리(Palfrey 1984), 알드리치와 맥기니스(Aldrich and McGinnis 1987), 그리고 체벨리스(Tsebelis 1988) 등의 문헌들을 인용하면서 보여주고자 할 것이다(Lange and Garrett 1987; Garrett and Lange 1989; Korpi 1989).

이러한 이론적인 토대를 기초로 일부 학자들은 정권을 장악한 정당이 누구인가에 따라 정부 경제정책의 결과가 실제로 차이를 보이는지를 알아보기 위하여 국가별, 그리고 시기별로 이 관계에 대한 경험적인 분석을 수행하였다. 그러나 우리가 기억해야 할 점은 중위투표자 모델을 포함하여 위에서 언급된 대부분의 수학적 모델들이 후보자의 태도를 단일 가설적 사회(*single hypothetical society*)로 설명하는 정적인 모델들이라는 것이다. 이것이 사실이라면 이러한 경험적 분석의 이론적 근거는 이들이 중위투표자 이론에 반대하든 아니면 찬성하든 상관없이 중위투표자 위치가 다른 국가들 사이에서(다수결적인 체제에서) 또한 다른 시대에서 일정할 때에만 유효하다. 비록 이러한 가정도 결코 가능한 것은 아니지만 필자의 투표자 이데올로기 측정지표는 위에서 이것이 현실이 아니라는 것을 명확하게 보여주었다.[14] 여기에서의 시사점은 어떤 종류가 되든지 수학적 모델을 비교연구의 이론적 토대로 사용하는 것에 주의를 기해야 한다는 것이다.

마지막으로 본 장에서 필자는 투표자 이데올로기에 초점을 맞추어 논의를 전개하고 있지만 필자의 정당 이데올로기 측정지표 또한 유용한 목적에 사용될 수 있다. 특히 필자의 정당 이데올로기 측정지표와 매니페스토 데이터에 기초하여 구축된 다른 기존의 정당 이데올로기 측정지표(Budge et al. 1987; Laver and Budge 1993)는 경제정책의 결과(정부의 지출 정도와 통화정책과 같은)와 경제적 성과(인플레이션, 실업, 경제성장 등)에 초점을 맞추어 정부 동반자 관계의 효과를 검토한 기존 연구들을 재평가하는 데 이용될 수 있다. 지난 수년 동안 정부 동반자 관계에 대한 다양한 측정지표들이 이러한 질문들에 대답하기 위하여 개발되었다. 몇몇 연구들에서 정부 동반자 관계는 좌파, 그리고 다른 연구에서는 우파로 고려되어져 왔다(Hibbs 1977; Rose 1980; Alt 1985; Williams 1990).

일부 연구는 정부 내에서 가장 좌파적이고 가장 우파적인 정당의 가중평균(*weighted mean*)을 이용하였는데, 이는 두 정당이 받은 투표수에 따라 가중치를 주었다(Cameron 1978). 아마도 정부 동반자 관계의 가장 대중적인 측정지표는 좌파 또는 우파 정당이 차지한 내각의 비율이었을 것이다(Cameron 1984; Jackman 1987; Lange and Garrett 1987; Hicks 1988; Korpi 1989; Alvarez et al. 1991). 이러한 측정지표들의 표면적인 차이에도 불구하고 모든 정부의 이데올로기 측정지표들은 하나의 특징을 공유한다. 즉 정당의 이데올로기는 이분법적이라는 것, 그리고 정당의 이데올로기는 우파 혹은 좌파가 시간이 지나도 일정하다는 것이다. 명확하게 버지와 그의 공저자들

---

14) 비다수결적인 복수정당 체계의 경우에는 다른 수학적 모델(*formal model*)이 각각의 측면에서 만들어진 논쟁들을 지지하는 데 인용되었다(Austen-Smith and Banks 1988). 그럼에도 불구하고 단일사회, 정적인 모델(그들이 하나 이상의 선거순환을 모델로 하지 않았다는 점에서 정적인)이 비교적이고 역동적 분석에 사용되었다는 동일한 문제점이 존재한다.

(Budge et al. 1987)의 연구결과는 이러한 정당 이데올로기 개념이 횡적 및 종적 개념 모두에 있어서 실상을 상당히 왜곡한다는 것을 보여준다. 결과적으로 이분법적인 차원에서 측정한 정부 이데올로기는 평가측정 오류의 대상이 될 가능성이 높다.

최근 두 개 이상의 범주를 포함하는 정부 이데올로기에 대한 몇 개의 서열적 측정지표들이 개발되었다(Schmidt 1982; Budge and Keman 1990; Crepaz 1992). 그러나 이러한 측정지표들은 제한적인 범주의 수 때문에 비슷한 문제를 겪을 가능성이 높다. 필자의 방식처럼 정당 이데올로기의 등간척도를 이용하면 여당의 정당 이데올로기 점수에 기반하고 이에 가중치를 적용한—예를 들면, 각각의 정당이 가진 내각의 비율과 같은—정당 이데올로기의 가중평균을 산출함으로써 정부 동반자관계의 등간척도를 산출할 수 있다.[15] 필자의 정당 이데올로기 측정지표를 이용하여 제2차 세계대전 이후 거의 모든 시기를 대상으로 15개 민주국가들에 대한 정부 동반자관계 측정지표가 머지않아 구축될 수 있다. 이러한 발전된 평가지표를 구체화함으로써 정당 이데올로기가 정책 구성에 있어서 그 이전에 간주되었던 여러 가지 역할을 실질적으로 수행하고 있는지의 여부를 고찰할 수 있을 것이다.[16]

15) 이와 관련하여 필자는 좌-우 이데올로기 차원에서 각 정당이 차지한 내각의 장관직 비율을 고려하여 가중평균을 산출한 큐작과 개럿(Cusack and Garret 1993)의 정부 이데올로기 측정지표에 주목하였다. 그리고 이 과정에서 캐슬스와 메이어에 의해 개발된 정당 이데올로기 측정지표(Castles and Mair 1984)를 확장하고 갱신하였다.

16) 이에 대한 초기단계 연구는 정당 이데올로기와 다양한 정책 결과물의 관계를 검토한 클린지만과 그의 공저자들(Klingemann et al. 1994)에 의해 수행되었다.

제5장 | 매니페스토를 통하여 본 의회의 이데올로기

1. 서론

매니페스토 연구그룹은 1979년 구성되어 19개 서구 민주국가들을 대상으로 정당의 매니페스토를 동일한 분석틀을 가지고 비교연구하고자 하였다(Budge et al. 1987). 그리고 이들은 여러 차례의 자료 수집과정을 거쳐 전후 25개 서구 민주국가들의 주요 정당들에 대한 매니페스토 자료를 구축하게 되었다(Budge 1992; Volkens 1995; Budge et al. 2001). 이후 정당을 연구하는 많은 학자들이 이 매니페스토 자료를 이용하여 연구를 진행하기 시작하였다. 이 과정에서 몇몇 연구자들은 정당의 이데올로기와 관련하여 단일한 이데올로기 차원에서 정당의 선호를 측정할 수 있는 방법을 개발하는 데 관심을 보여왔다(Laver and Budge 1993; Kim and Fording 1998; Gabel and Huber 2000; Laver and Garry 2000; McDonald et al. 2004).

정당의 매니페스토 자료가 존재하기 이전까지 대부분의 정당 이데올로기 측정지표는 전문가 설문조사(*expert survey*) 자료에 의존하였다. 하지만 전문가 설문조사의 경우 그 잠재적인 장점에도 불구하고 내재적인 한계를 내포하고 있다. 전문가 설문조사에 기반하여 고안된 이데올로기 측정지표의 가장 중요한 한계점은 이것이 제한된 기간을 대상으로 한 단면적인 연구만이 가능하다는 점에 있다. 그 결과 전문가 설문조사에 기반하여 정당의 이데올로기 문제를 접근한 대부분의 연구들은 일 국가 내에서 정당들 간의 차이나 특정 정당의 변화를 비교하는 데 관심을 두거나 상대적으로 짧은 시간을 대상으로 교차국가적 관점에서 정당들을 비교하는 데 관심을 두었다(Janda 1980; Castles and Mair 1984). 그러므로 정당의 이데올로기를 비교연구함에 있어 전문가 설문조사 자료—대중 설문조사(*mass surveys*) 자료도 마찬가지—를 사용하는 것은 문제가 있다.

반면 정당의 매니페트스 자료는 전후 서구 민주국가들의 주요 정당들에 대한 자료를 포괄하고 있어서 정당 이데올로기 측정지표를 개발하는 데 유용한 측면이 있다. 매니페스토 자료는 제2차 세계대전 이후 실시된 선거에서 서구 민주국가들의 주요 정당들이 발행한 강령들(*platforms*)에 대한 면밀한 내용분석에 기반하여 구축되어 있다. 매니페스토 자료의 경우 각 정당의 강령이 사전에 설정해놓은 이데올로기적 범주에 각각 얼마만큼의 진술비율을 차지하고 있는지를 보여준다. 그리고 결과적으로 이러한 매니페스토 자료는 각 정당의 강령의 길이에 관한 자료를 표준화함으로써 각 정당들이 강조하는 바를 비교할 수 있는 측정지표를 만드는 것을 가능하게 해준다.

필자는 투표자와 정부의 이데올로기를 측정할 수 있는 지표를 개발하여 정당 매니페스토와 관련한 연구의 외연을 확장시킨 바 있다(Kim and Fording 1998; 2001b; 2002). 필자가 개발한 이 측정지표들의 경우 매니페스토 자료를 토대로 산출한 정당의 이데올로기 척도에 기반하고 있다. 이러한 이유로 필자는 이 측정지표들을 통하여 여러 국가들과 여러 시기들에 걸쳐 투표자와 정부의 이데올로기에 대한 의미 있는 비교연구가 가능하다는 점을 강조해 왔다. 이와 관련하여 필자는 이 장에서 의회의 이데올로기를 측정할 수 있는 새로운 지표를 고안하여 제시해보고자 한다.

2. 의회 이데올로기 측정방법

필자는 의회 이데올로기 측정지표를 개발함에 있어 다음과 같은 의회 내 정당들의 두 가지 특징을 고려하였다. 첫째, 의회 내 각 정당들이 가진 상대적 힘에 관한 정보를 고려하였다. 둘째, 의회 내 정당들의 선호 또는 이데올로기를 고려하여 좌-우 이데올로기 값을 측정해내었다. 첫 번째 척도를 위해서 우리는 의회 이데올로기를 다음과 같이 측정하였다.

$$\Sigma\{\text{ideology}_i \times (\#\text{seats}_i \div \text{total seats})\}$$

여기서 ideology_i는 i정당의 이데올로기를 의미한다. $\#\text{seats}_i$는 i정당이 얻은 의회 내 의석의 총수를, 그리고 total seats는 의회 내 총의석수를 의미한다.

필자는 제2차 세계대전 이후부터 1990년대 후반까지의 자료에서 국가별 각 정당이 차지한 의회 의석수에 대한 자료를 모았다.[1] 필자

1) 정당의 의회 내 의석에 대한 자료의 경우 필자는 맥키와 로즈(Mackie and Rose 1991)의 자료를 사용하였다. 또한 필자는 *European Journal of Political Research*의 연간 선거결과 자료를 보충자료로 활용하였다.

는 이러한 정보를 정당 이데올로기 점수의 가중평균치를 산출하여 정당 이데올로기 점수와 합산하였는데, 여기서 가중치는 각 정당이 차지한 총 의회 내 의석의 비율을 의미한다. 필자는 자료에서 선거가 있었던 달에 대한 정보를 가지고 있기 때문에, 이를 모든 해를 포함하는 월별 자료와 통합하였다. 다음으로 필자는 그 자료를 가지고 각 국가에 대하여 월별과 연도별로 보간하였다. 그런 다음 필자는 각 국가에 대하여 각 해의 평균 월별점수를 계산하였다.

이를 통해 필자는 제2차 세계대전 이후 시기 동안 25개국의 의회 이데올로기를 측정할 수 있는 새로운 측정지표를 만들었다. 정당 이데올로기 측정지표가 진보(좌파)에 대한 지지도를 측정하기 위한 0부터 100 사이의 연속값을 취하기 때문에 의회 이데올로기 측정지표 역시 0부터 100 사이의 값을 갖도록 하여 의회의 상대적인 진보(좌파)에 대한 지지도를 측정하도록 하였다.

두 번째 의회 이데올로기 측정지표는 의회 내 각 정당들이 차지하는 상대적 힘에 기반하여 정당들의 상대적 지위를 고려하도록 하였다. 이를 위해 필자는 의회의 중위척도(또는 중위정당의 척도)를 고안해내었다. 이는 한 정당에 속한 모든 의원들은 같은 이데올로기적 성향을 지닌다고 가정할 때 중위의원(*median legislator*)을 포함한 정당의 이데올로기적 위치를 나타낸다.[2] 첫 번째 척도와 마찬가지로 필

---

2) 이러한 척도는 이미 많은 학자들(Powell 2000; Powell and Vanberg 2001; McDonald and Mendes 2002)에 의해 사용되었다. 필자는 단순히 필자가 개발한 정당 이데올로기 측정지표를 사용하여 중간값을 계산하였다. 포웰과 벤베르그(Powell 2000; Powell and Vanberg 2001)의 경우 주요 정당 척도는 캐슬스와 메이어(Castles and Mair 1984), 휴버와 잉글하트(Huber and Inglehart 1995)에 의해 고안된 여론조사에 기반하고 있다. 맥도널드와 멘데스(McDonald and Mendes 2002)는 레이버와 버지(Laver and Budge 1993)의 척도에서 두 가지 점을 수정하여 의회의 중위척도를 개발하였다.

〈그림 5-1〉 서구 민주국가의 의회 이데올로기, 1945~1998

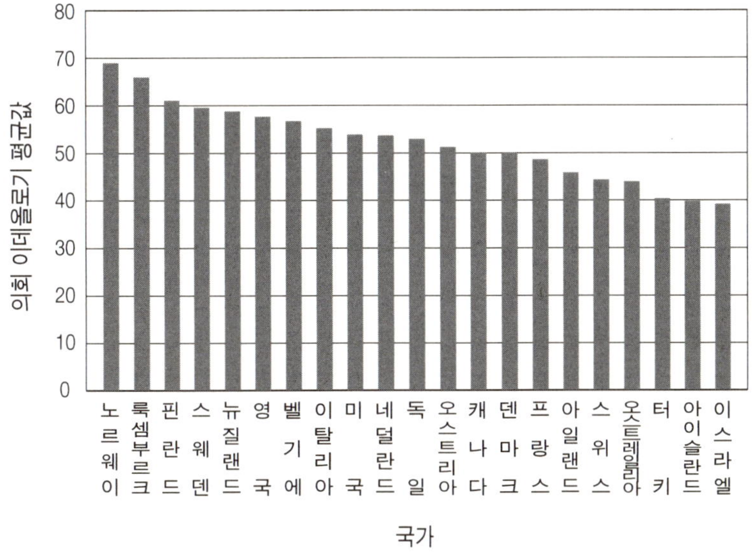

자는 각 국가들에 대하여 월별 및 연별 자료를 보간하였다. 다음으로 필자는 각 국가들에 대하여 각 해의 평균 월별 점수를 계산하였다. 이러한 의회 이데올로기 측정지표 역시 0부터 100 사이에 위치하여 의회의 상대적인 진보(좌파)에 대한 지지도를 측정하도록 하였다.[3]

개념적으로 두 번째 측정지표와 첫 번째 측정지표 사이에는 약간의 차이점이 존재한다. 두 번째 측정지표는 단순다수제(*simple majority*) 하에서나 연구자가 중위의원이 자신의 바라던 바대로 입법결과들에 영향을 미친다고 가정할 수 있을 때 적절하다. 첫 번째 측정지표는 의회 내 모든 의원들의 전반적인 선호 분포를 나타내는데 더 적절하다. 이런 개념적 차이에도 불구하고 두 개의 의회 이데올로

3) 미국의 경우 의회 이데올로기 측정지표는 하원을 대상으로 산출되었다.

기 측정지표들은 매우 높은 상관관계를 보이고 있다(r=.96).

〈그림 5-1〉은 1945년부터 1998년까지의 기간 동안 21개 서구 민주국가들의 의회 이데올로기 평균값이 어떤 차이를 보이는지 비교하기 위하여 그래프를 작성한 것이다. 이 그림을 보면 연구시기 동안 노르웨이, 룩셈부르크, 핀란드의 경우 의회 이데올로기가 가장 좌편향적인 특성을 보인 반면 이스라엘, 아이슬란드, 터키의 경우 의회 이데올로기가 가장 우편향적인 특성을 보였다는 점을 알 수 있다.

3. 결론

이 장에서 필자는 이전에 필자가 개발하였던 정당, 투표자, 정부 이데올로기 측정지표들을 확장하여 의회 이데올로기 측정지표를 만들었다. 이런 측정지표들은 제2차 세계대전 이후 모든 국가들과 시기들에 대한 다양한 이데올로기들의 비교를 가능하게 해주기 때문에 다양한 비교정치연구에서 사용되어 왔다(Kim and Fording 2001c; 2003; Stevenson 2001; McDonald et al. 2004). 특히 이들 새로운 이데올로기 측정지표들은 민주적 성과가 다양한 정치제도 환경에 따라 어떻게 다르게 나타나는지에 대한 비교연구를 가능하게 해준다. 즉 다양한 민주적 정치과정과 관련하여 일치성(*congruence*)과 대응성(*responsiveness*)의 문제를 이데올로기 측정지표들을 통하여 비교분석함으로써, 시민들의 선호가 정부정책에 반영되어 민주주의 수행력을 극대화할 수 있는 효과적인 제도가 무엇인지에 대한 이해를 넓힐 수 있다는 점이다(Huber and Powell 1994; Lijphart 1999; Powell 2000; Powell and Vanberg 2001; McDonald et al. 2004).

제6장 | 매니페스토를 통하여 본 정부의 이데올로기

1. 서론

비교정치학에서 정부의 이데올로기는 정치현상을 설명하는 데 있어 중요한 변수가 되어 왔다. 그래서 비교정치를 연구하는 학자들은 권력을 장악한 정당들이 정책결정의 과정과 결과에 있어서 어떠한 영향을 미치는가를 평가하는 데 많은 노력을 경주해 왔다. 서구 민주국가들의 경우 정부의 이데올로기는 대부분 좌-우 이데올로기적 차원에서 평가되어 왔다. 그 이유는 제2차 세계대전 이후 이들 국가에서 좌-우 이데올로기가 가장 중요하고 일반적인 균열로 평가되기 때문이다(Lijphart 1984; Budge and Robertson 1987; Knutsen 1988; Warwick 1992; Blais et al. 1993; Kim and Fording 1998).

정부의 이데올로기는 권력을 장악한 정당들의 이데올로기적 입장과 권력 배분의 관계를 반영하기 때문에 연구자가 정부 이데올로기의 영향력을 평가하기 위해서는 우선적으로 정당의 이데올로기를 측정해야 한다. 하지만 앞서 제2장에서 지적한 바 있듯이 정당의 이데올로기를 측정하는 기존 방식의 취약성에도 불구하고 여전히 많은 학자들은 이에 의존하여 정부의 이데올로기를 측정하고 계량적인 분석(때때로 표본들의 가중 평균치를 활용한 통합분석)을 수행하고 있다. 그리고 다른 한편으로는 기존의 세련되지 못한 방식으로 정당의 이데올로기를 측정하는 방식에서 벗어나 권력을 장악하고 있는 정당들의 이데올로기를 주관적인 평가(서열평가)에 기초하여 측정하는 방식을 채택하기도 하였다. 이후 논의하겠지만 이러한 측정지표들은 중요한 측정의 문제를 노정하고 있는 관계로 정부의 이데올로기를 설명변수로 설정하여 다변량분석을 수행함에 있어 근본적인 결함을 보이게 된다.

이에 필자는 제2장에서 제시한 정당의 이데올로기 측정지표를 토대로 국가별, 그리고 시기별 차이를 고려한 정부의 이데올로기를 의미 있게 비교연구할 수 있는 측정지표를 제시하고자 한다. 이와 같은 측정지표의 개발은 비교정치 분야에서 공공정책의 결과에 정부의 이데올로기가 어떠한 영향을 미치는가에 대한 논쟁에서 방법론적 논의의 질을 제고시킬 수 있기 때문에 중요한 의미를 가질 수 있다.

다음으로 필자는 본 장에서 제시하고 있는 정부 이데올로기 측정지표의 적실성을 다각적으로 고찰하고자 한다. 구체적으로 이를 위해 필자는 정부의 이데올로기에 대한 국가별 · 시기별 비교연구를 진행하고, 정부의 이데올로기와 정부의 정책선언(*policy declarations*)과의 관계를 고찰할 것이다. 또한 필자는 지난 10여 년 동안 비교정치경제 분야에서 가장 많이 인용된 알바레즈, 개럿, 랭(Alvarez, Garrett, Lange 1991)의 경제성과에 대한 분석을 재검증함으로써 정부의 이데올로기를 취약하게 측정한 연구들이 잠정적으로 어떠한 결과들을 초래할 수 있는지도 살펴보고자 한다. 그리고 이와 같은 논의를 통하여 필자는 결론적으로 비교정치를 연구하는 학자들이 다변량연구를 수행하여 발견된 결과들을 해석하고 평가함에 있어 좀더 세심한 주의를 기울일 필요가 있다는 점을 지적하고자 한다.

2. 정부 이데올로기 측정방법과 조작화

개념적으로 대부분의 분석가들은 정부의 이데올로기를 적실성 있게 측정하기 위해서는 권력을 장악하고 있는 정당들(또는 정당)의 다음의 두 가지 주요한 특성을 고려해야 한다는 점에 동의하고 있다.

첫째, 정부를 구성하고 있는 각각의 정당들이 상대적으로 어느 정도의 권력을 보유하고 있는가에 관한 정보를 조합해야 한다. 둘째, 좌-우 차원으로 설정된 공간에서 정부를 구성하고 있는 정당들의 선호 내지는 이데올로기적 입장을 고려해야 한다. 이 때 좀더 구체적으로 다음과 같은 방식으로 특정 정부의 이데올로기를 규정할 수 있다.

$$\Sigma\{\text{Ideology } y_i \times (\text{\#Post } s_i \div \text{Total Posts})\}$$

- *#Post s_i: i정당이 장악하고 있는 내각의 총 장관직수*
- *Ideology y_i: i정당의 이데올로기*
- *Total Posts: 내각의 총 장관직수*

오랜 기간 학자들은 정부의 이데올로기를 측정함에 있어 앞서 제시한 두 가지 측면(정당의 의석비율과 이데올로기적 선호)을 조합시키려는 다양한 접근들을 시도해 왔다. 몇몇 연구에서는 정부의 이데올로기는 좌파 아니면 우파로 간주되어 왔다(Hibbs 1977; Rose 1980; Alt 1985; Williams 1990). 이와 같은 접근방법은 정부를 구성하고 있는 정당들을 좌파 정당 또는 우파 정당으로 분류한 후 동일한 이데올로기적 성향을 가진 정당들이 내각의 다수를 장악하고 있는가의 여부를 기준으로 정부의 이데올로기를 이분법적으로 파악하였다.

두 번째로 정부의 이데올로기를 파악하는 보다 일반적인 접근방법은 연속변수(*continuous variable*)를 사용하여 정당의 권한 수준을 측정하는 것이다. 예를 들어, 몇몇 연구들은 정부를 구성하고 있는 정당들이 선거에서 받았던 득표수를 토대로 좌파 정당들과 우파 정당들의 가중평균을 산출하는 방식을 사용하여 왔다(Cameron 1978). 하지만 아마도 정부의 이데올로기를 측정하는 가장 보편적인 방법은 정부를 구성한 정당들의 이데올로기적 성향을 좌우로 분류하여 내각의 장관직을 얼마나 차지하고 있는가를 비율로 산출하는 것이다(Cameron 1984a; Jackman 1987; Lange and Garrett 1987; Hicks 1988; Korpi 1989; Alvarez et al. 1991). 그리고 여전히 다른 학자들은 정부의 이데올로기를 파악함에 있어 우파 정당들이 장악하고 있는 내각의 의석비율에서 좌파 정당들이 장악하고 있는 내각의 의석비율을 빼는 방법을 사용하고 있다(Blais et al. 1993; 1996).

정부의 이데올로기를 어떠한 방식으로 측정할 것인가에 따라 다양한 차이가 존재할 수 있음에도 불구하고 정부의 이데올로기를 측정하는 이같은 방법들은 다음의 한 가지 일반적인 특성을 공유하고 있다. 즉 여전히 정당의 이데올로기를 좌파 또는 우파라는 이분법적 기준으로 구분하고, 시간의 변화에도 불구하고 항상 고정된 것으로 파악하고 있다는 점이다. 분명하게 말해서 정부의 이데올로기에 대한 이러한 접근방식들은 문제가 있다. 즉 버지와 그의 공동연구자들(Budge et al. 1987)이 주장한 바 있듯이 이러한 접근방식들은 종단적인 차원에서 뿐만 아니라 횡단적인 차원에서도 정치현실을 왜곡하는 문제점을 발생시킨다. 그리고 그 결과 좌파와 우파의 이분법적인 방식에 기초하여 정부의 이데올로기를 측정하는 방식은 중요한 측정의 오류를 범하게 된다.

이에 최근에 정부의 이데올로기를 서열적 방식으로 측정하는 방법들이 개발되고 있다(Schmidt 1982; Budge and Keman 1990; Crepaz 1992; Hicks and Swank 1992; Woldendorp et al. 1993; 1998). 이러한 연구를 수행하는 대부분의 학자들은 권력을 장악하고 있는 정당들의 서열적 유형화를 시도한다. 이들은 정당들의 이데올로기를 세 개 내지 다섯 개의 범주를 놓고 파악하는데, 이분법적인 방법과 유사하게 이들 역시 시간의 흐름에 따라 이데올로기는 변하지 않는 상수로 간주하고 있다는 점에서 문제가 제기된다.

정부의 이데올로기를 적실성 있게 측정하기 위해서는 먼저 국가별, 그리고 시기별로 비교연구가 가능한 정당 이데올로기의 측정지표를 개발해야 한다. 필자는 앞서 제2장에서 정당 이데올로기 측정지표에 대한 논의를 전개하였는데, 이 정당의 이데올로기 측정지표와 내각의 장관직 데이터 자료를 조합하여 정부의 이데올로기를 측정할 수 있다. 구체적으로 필자는 버지와 그의 공동연구자들(Budge et al. 2001)이 2001년에 개정한 매니페스토 자료에 기초하여 우선적으로 제2차 세계대전 이후 시기부터 1990년대 말까지의 기간을 대상으로 연구대상이 되는 국가들의 각 정당이 내각에서 차지한 장관직수를 연 단위로 파악한 자료를 수집하였다.[1] 그리고 이 자료와 앞서 제2장에서 제시한 방식으로 산출한 정당의 이데올로기 측정지표를 조합하여 궁극적으로 내각의 전체 장관직수를 고려한 가중평균 방식으로 연 기준 각 정당의 이데올로기를 산출하였다.

그러므로 단점정부(*unified government*) 형태를 유지하고 있는 국가의 경우 정부의 이데올로기는 권력을 장악하고 있는 정당의 이데

---

1) 필자는 내각의 구성과 관련한 데이터를 얻기 위하여 Woldendorp et al. 1993; 1998을 참고하였다.

올로기로 파악된다. 한편 여러 정당이 정부를 구성하고 있는 연립정부에서 정부의 이데올로기는 정부에 참여한 정당들의 다양한 이데올로기적 입장과 그들의 상대적 정치권한(의석)을 고려하여 파악된다. 즉 본 장에서 필자는 제2장에서 제시한 정당 이데올로기 측정지표를 토대로 제2차 세계대전 이후 시기 17개 민주국가들[2]의 정부 이데올로기를 측정할 수 있는 지표를 제시하고 있다. 필자의 정당 이데올로기 측정지표가 0부터 100까지의 연속적인 척도에서 좌편향적인 성향을 측정하고 있기 때문에 본 장에서 정부의 이데올로기 측정지표도 동일한 방식으로 0부터 100까지의 범주에서 특정 정부가 상대적으로 얼마나 좌편향적인 성향을 보이고 있는가로 측정하고 있다.[3]

3. 시공간을 초월한 정부 이데올로기의 타당성

제2장에서 필자는 정당 이데올로기를 측정함에 있어 매니페스토 데이터에 기반한 것이 적실성을 가질 수 있다는 점을 다양한 기존 연구들을 제시하여 살펴보았다. 이러한 기존 연구는 필자의 정부 이데

2) 본 장에서 정부 이데올로기 측정지표를 산출함에 있어 매니페스토 데이터와 정부의 구성과 관련한 데이터의 접근 문제로 인하여 연구대상 국가들이 제한되어 있다. 본 장에서 분석을 수행하고 있는 구체적인 국가들은 오스트레일리아, 오스트리아, 캐나다, 덴마크, 핀란드, 독일, 영국, 아이슬란드, 아일랜드, 이탈리아, 일본, 룩셈부르크, 네덜란드, 노르웨이, 뉴질랜드, 스웨덴, 미국이다. 프랑스와 벨기에의 경우 정부의 이데올로기를 산출할 수 없었는데, 그 이유는 프랑스의 경우 단지 제한된 기간의 자료만이 존재하고, 벨기에의 경우 데이터의 코딩이 시기별로 차이를 보였기 때문이다.

3) 본 장에서 제시하고 있는 정부 이데올로기에 대한 기초자료들은 필자의 웹사이트에서 열람 및 사용이 가능하다(http://garnet.acns.fsu.edu/~hkim/dataset.htm).

올로기 측정지표를 간접적으로 지지하고 있다고 간주할 수 있다. 그럼에도 불구하고 본 장에서 제시하고 있는 정부 이데올로기 측정지표가 얼마나 적실성을 가질 수 있고 신뢰할 수 있는가의 문제를 직접적으로 고찰하는 것은 중요한 의미를 가질 수 있다고 판단된다.

특정 측정지표가 얼마나 적실성을 가질 수 있는가의 문제를 고찰하는 데에는 다양한 전략들이 존재한다. 하지만 본 연구와 같이 특정 사례들을 대상으로 할 경우 그 측정지표의 적실성을 고찰하는 문제는 다소 제한적인 성격을 보일 수밖에 없다. 다만 한 가지 가능한 전략으로 본 장에서 측정한 정부 이데올로기 측정지표가 매니페스토 데이터셋에 존재하는 다양한 국가들의 개별 정부가 실제 추구한 정책들과 비교하여 얼마나 조응하는 모습을 보이는가를 고찰하는 것을 고려해볼 수 있다. 즉 정부 이데올로기 측정지표와 실제 정책들 간의 조응성 문제를 고찰함으로써 필자가 채택하고 있는 정부 이데올로기 측정지표가 얼마나 예측적 적실성을 가질 수 있는가를 파악할 수 있다. 하지만 불행하게도 이것이 불가능한 것은 아니지만 상당히 어려운 작업이라는 점을 부인할 수 없다.

왜냐하면 이데올로기적으로 다른 특징을 보이는 정부들이 추구하는 경제적 · 사회적 정책들과 그 정책적 성과들이 다양한 양상을 보이는 관계로 정치학자들 사이에 정부의 이데올로기가 어떠한 영향을 미치는가에 대한 합의되지 않은 논쟁이 심각하게 전개되고 있기 때문이다.[4] 현재까지 정부의 이데올로기와 경제 정책 또는 성과 사이의

---

4) 정부 세입의 규모, 공공지출, 사회보장비용, 통화정책, 재정정책 및 자본통제 등과 같은 경제정책들에 정부의 이데올로기가 어떠한 영향을 미치는가에 대한 합의되지 않은 논쟁들에 대해서는 Cameron 1978; Frey 1978; Castles and McKinlay 1979; Golden and Poterba 1980; Solano 1983; Hicks and Swank 1984; Keman 1984; 1997; Lewis-Beck and Rice 1985; Rice 1986; Berry and Lowery 1987; Pampel and Williamson 1988; Swank 1988; Hicks et al. 1989; Schmidt

관계에 있어서 학계가 일반적으로 수용하는 인과적 관계는 존재하지 않는다. 그러므로 양자 사이에 특정한 인과관계가 존재하는 것으로 간주하여 정부의 이데올로기를 측정하고 경험적인 분석을 수행한 어떠한 연구도 예측적 적실성을 확보하기 어렵다.

두 번째 가능한 전략은 본 연구의 매니페스토 데이타에 기반한 정부 이데올로기 측정지표와 기존의 정부 이데올로기 측정지표 사이의 관계를 고찰하여 수렴적인 적실성을 확보하고 있는지를 살펴보는 것이다. 하지만 이 전략은 다음의 두 가지 이유로 인하여 채택하기 어려운 측면이 존재한다. 첫째, 현재까지 정부의 이데올로기를 측정하기 위하여 구축된 방법들이 매우 소수이다. 둘째, 더욱 중요한 이유로 본 장의 경우 기존의 정부 이데올로기 측정지표가 상당 수준 적실성이 부족하다는 점을 지적하고 있다. 지금까지 정부의 이데올로기를 측정함에 있어 가장 일반적으로 사용된 방법은 좌파 정당들이 차지한 내각의 장관직 비율을 측정하는 것이었다. 그리고 이러한 측정방법은 정부의 이데올로기를 측정하는 일반적인 접근방식으로 간주되어 다수의 양적 연구에 사용되었다(Cameron 1984a; Jackman 1987; Hicks 1988; Korpi 1989; Alvarez et al. 1991; Blais et al. 1993; 1996).

정부의 이데올로기를 측정함에 있어 좌파 정당들이 차지한 내각의 장관직 비율을 측정하는 방법과 필자가 채택하고 있는 측정방법은 각 정당이 내각에서 얼마만큼의 장관직을 차지하고 있는가를 고려하여 그 정당의 이데올로기를 가중 측정하고 있다는 점에서 개념적으로 유사한 측면이 존재한다. 그럼에도 불구하고 양 측정방법은 다음의 두 가지 점에서 주요한 차이를 보인다.

1989; 1996; 1997; Williams 1990; Hicks and Swank 1992; Blais et al. 1993; 1996; Castles 1994; 1998; Beck and Katz 1995; Oatley 1999 등을 참고.

첫째, 좌파 정당들이 차지한 내각의 장관직 비율을 측정하는 방법은 좌파 정당들과 비좌파 정당들이라는 단지 두 가지 유형의 정당만이 존재한다고 가정한다. 반면 필자의 측정방법은 정당의 이데올로기를 0에서 100까지의 연속적인 수치 내에서 파악하고 있다는 점에서 정당의 이데올로기를 파악하는 데 있어 특정한 제한을 두지 않는다.[5]

둘째, 좌파 정당들이 차지한 내각의 장관직 비율을 측정하는 방식은 정당의 이데올로기는 시간의 흐름에도 불구하고 고정되어 있는 것으로 가정한다. 반면 필자의 측정방법은 선거가 실시된 특정 시점의 정당 이데올로기를 산출함으로써 정당의 이데올로기가 시간별로 차이를 보일 수 있다는 점을 인정하고 있다.[6]

양 측정방법에 대하여 단순 시계열 상관분석(*simple time series correlations*)을 수행해 본 결과 좌파 정당들이 차지한 내각의 장관직 비율을 토대로 정부의 이데올로기를 측정한 지표와 매니페스토 데이터에 기초하여 정부의 이데올로기를 측정한 지표 사이에는 그렇게 강한 상관관계가 존재하지 않는 것으로 나타났다(r=0.46).[7] 이러한

---

5) 좌파 정당들이 차지한 내각의 장관직 비율로 정부의 이데올로기를 측정하는 방식은 결과적으로 정당들의 이데올로기를 수치화함에 있어 좌파 정당들은 모두 1로 분류되고, 나머지 비좌파적 정당들은 모두 0으로 분류되는 문제를 발생시킨다.

6) 다음의 예는 좌파 정당들이 차지한 내각의 장관직 비율로 정부의 이데올로기를 측정하는 방식이 갖는 한계점을 보다 잘 보여준다. 일본, 캐나다, 그리고 미국의 경우 1968년부터 1984년 사이의 기간 동안 좌파 정당들이 정권을 장악한 경우는 존재하지 않았다. 더욱이 이 시기 이들 국가에서 정부는 단일정당으로 구성되어 있었기 때문에 비좌파적 정당이 내각의 장관직을 전부 차지하고 있었다. 그러므로 이 시기 이들 국가의 정부 이데올로기는 모두 0이 된다. 다시 말해 좌파 정당들이 차지한 내각의 장관직 비율로 정부의 이데올로기를 측정할 경우 이 시기 일본, 캐나다, 미국의 정부 이데올로기는 정확하게 동일한 특징을 보이는 것으로 간주되며, 각 정부의 이데올로기는 상수로 남게 된다는 문제가 제기된다.

측면과 앞서 제시한 이론적인 논쟁을 고려할 때 필자가 채택하고 있는 정부 이데올로기 측정지표가 기존의 좌파 정당들이 차지한 내각의 장관직 비율로 정부의 이데올로기를 측정한 지표보다 더욱 적실성을 가질 수 있다고 판단된다.[8)]

---

7) 이 상관관계는 알바레즈, 개럿, 랭(Alvarez, Garrett, Lange 1991)이 제시한 자료(1967~1984)와 동일한 시기를 대상으로 하여 산출한 것이다. 이 상관관계는 연구대상이 되는 국가들의 자료를 모두 모은 데이터를 토대로 산출한 것인데, 개별 국가별 상관관계는 다음과 같다: 오스트레일리아(0.29), 오스트리아(0.45), 벨기에(-0.34), 캐나다(좌파 정당이 차지한 내각의 장관직 비율에 차이가 존재하지 않음), 덴마크(0.44), 핀란드(-0.01), 독일(0.80), 아일랜드(0.79), 이탈리아(0.57), 일본(좌파 정당이 차지한 내각의 장관직 비율에 차이가 존재하지 않음), 네덜란드(0.51), 노르웨이(0.80), 스웨덴(0.58), 영국(0.88).

8) 필자는 이와 같은 이론적 논쟁이 존재하지 않는 상태에서 정부의 이데올로기를 측정하는 데 일반적으로 사용된 기존 방식들(정부의 이데올로기를 서열적으로 측정한 방식, 예를 들어 Schmidt 1982; Budge and Keman 1990; Crepaz 1992; Hicks and Swank 1992; Woldendorp et al. 1993; 1998)에 대하여 최종적인 판단을 내릴 생각은 없다. 레이버와 버지는 그들의 공동연구자들과 함께 몇몇 다당제 국가에서 정부의 정책 선언에 대한 내용분석을 토대로 정부의 정책적 의도를 파악할 수 있는 측정지표를 개발하였다. 이들의 측정지표는 상당히 합리적이라고 평가되기 때문에 필자의 측정지표와 비교할 경우 필자의 측정방법이 얼마나 적실성을 가질 수 있는지를 입증하는 데 도움이 될 수 있다고 판단된다. 하지만 양 측정지표의 경우 인식론적으로 상당한 차이를 보이고 있기 때문에 양자간에 높은 상관관계가 존재한다는 점을 명백하게 가정하기 힘든 측면이 존재한다. 필자의 경우 정부를 구성하고 있는 정당들의 이데올로기 가중평균을 산출하여 정부의 이데올로기(이데올로기적 구성)가 정책적 결과에 영향을 미치는가 아니면 영향을 미치지 못하는가의 문제를 검증하는 데 주요 목적을 두고 있다. 반면 정당의 정책 선언을 토대로 정부의 이데올로기를 측정한 레이버와 버지의 경우 연립정부 형성 기간 동안 또는 그 이후에 제시된 정부의 정책 의도를 측정하고 있기 때문에 궁극적으로 정부 구성을 위한 정당의 협상과정 경과를 반영하게 된다는 특징을 보인다. 그러므로 향후 연립협상의 과정에서 제도적 영향력에 대한 연구를 필자의 측정지표(연립협상의 문제와 상관없이 정부의 이데올로기를 측정한 지표)와 레이버와 버지의 측정지표(연립협상의 과정에서 정당들 간의 합의를 반영하고 있는 측정지표)의 비교를 통하여 연구하는 것이 필요하다고 판단된다.

4. 정부 이데올로기의 국가별 · 시기별 비교

대안적인 전략들이 주어지지 않은 상태에서 필자가 제시하고 있는 정부 이데올로기 측정지표가 얼마나 적실성을 갖고 있는가의 문제를 어떻게 타당하게 고찰할 것인가 하는 문제가 제기된다. 다만 간단한 조사를 통하여 살펴보면 연구대상이 되는 국가들에 있어서 필자가 산출된 정부 이데올로기 측정지표의 경우 시공간을 초월하여 이들 정부의 이데올로기적 성향에 대한 일반적인 이해와 일치하는 특성을 보이기 때문에 일정 수준 적실성을 가질 수 있다고 판단된다.

〈그림 6-1〉은 1945년부터 1998년까지 연구대상 국가들의 정부 이데올로기 평균값을 제시하여 그래프로 나타낸 것이다.[9] 이 그림을 보

〈그림 6-1〉 국가별 정부 이데올로기 평균값, 1945~1998

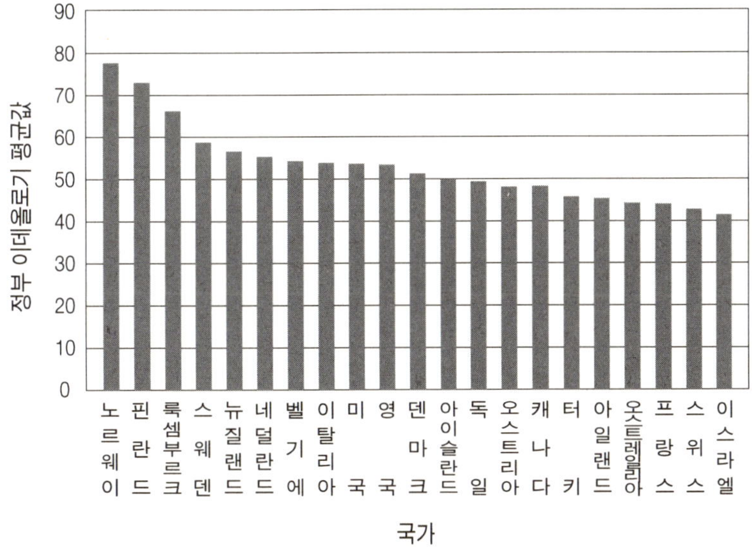

〈그림 6-2〉 연도별 정부 이데올로기 전체 평균값, 1945~1995

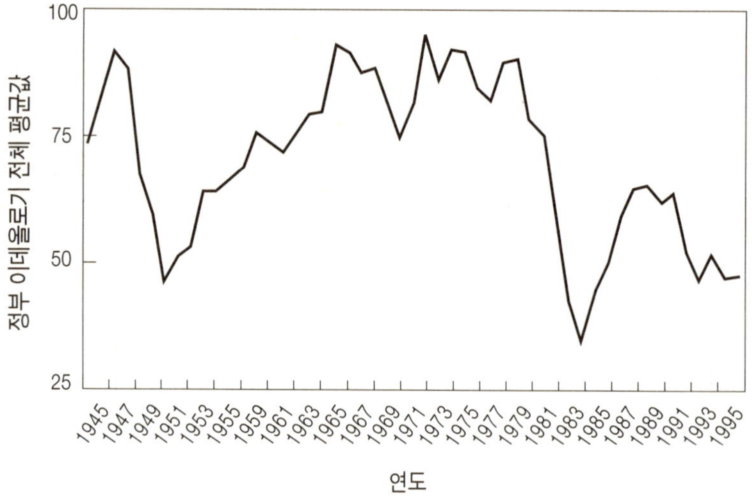

면 우리가 일반적으로 예상하는 바와 같이 노르웨이와 핀란드가 이 시기 가장 좌편향적인 특징을 보이는 것으로 나타난다. 반면 이스라엘과 스위스가 이 시기 가장 우편향적인 특징을 보이는 것으로 나타난다.

한편 시간의 변화에 따른 정부 이데올로기의 변화양상은 1945년부터 1995년까지의 시기를 대상으로 연구대상 국가 전체의 연평균 정부 이데올로기 수치를 표시한 〈그림 6-2〉을 통해서 살펴볼 수 있다. 이 그림을 보면 일반적으로 1960년대와 1970대의 경우 상대적으로

---

9) 국가별로 정부 이데올로기 측정지표가 계산될 수 있는 최초 시점과 최후 시점은 차이를 보이게 된다. 자료 접근의 문제를 고려할 때 연구대상 국가들의 경우 정부 이데올로기 측정지표는 최초 1945년부터 1949년 사이, 그리고 최후 1994년부터 1997년 사이에 걸쳐 산출되었다.

좌편향적인 특징을 보인 반면 1980년대 초반과 1990년대의 경우 우파가 성장하는 특징을 보였다는 점을 쉽게 목격할 수 있다.

5. 좌파 정당과 우파 정당의 정책은 정말 상이한가?

알바레즈, 개럿, 랭의 주장에 대한 재검증

비교정치학 분야에서 '좌파 정당과 우파 정당의 정책은 정말 상이한가?'라는 논쟁의 하나로 정부의 이데올로기가 중요한 역할을 수행하는가에 대한 논의가 진행되었다. 특히 이러한 논쟁은 주로 좌파 정당이 권력을 장악하였을 때 정부의 지출 및 재정 문제와 관련하여 우파 정당과는 상당한 차이를 보이는 특정 경제정책을 추진하는가의 여부에 논쟁이 집중되는 특징을 보였다(Cameron 1978; Castles and McKinlay 1979; Keman 1984; 1997; Schmidt 1989; 1996; 1997; Williams 1990; Blais et al. 1993; 1996; Castles 1994; 1998). 랭, 개럿, 그리고 이후에 알바레즈 등과 같은 학자들은 이러한 논쟁을 인플레이션, 실업, 경제성장 수준 등과 같은 경제적 성과에 대한 논의로 확장시켰는데(Lange and Garrett 1987; Garrett and Lange 1989; Alvarez et al. 1991) 이들은 다음과 같은 주장을 전개하였다.

바람직한 거시경제적 성과를 거두기 위한 두 가지의 다른 경로가 존재한다. 고도의 밀집되고 집중화된 조직을 중심으로 노동운동이 전개되는 국가에서는 좌파 정부가 경제성장을 이끌고 인플레이션과 실업의 문제를 해소할 수 있다. 반면 약한 노동운동의 특징을 보이는 국가에서는 우파 정부가 자신들의 정파적 선호에 따른 거시경제적 전략을 추구할 때 유용한 거시경제적 결과를 얻을 수 있다. 이러한 경우를 제외한 다른 상황에서 거시경제적 성과는 상대적으로 크게 나타나지 않을 것이다(Alvarez et al. 1991, 539).

다시 말해 알바레즈, 개럿, 랭은 정부의 이데올로기와 노동조합의 힘 사이의 관계가 경제적 성과에 영향을 미친다는 상호작용 모델을 제시하고자 한 것이다. 이들은 1968년부터 1984년까지의 기간을 대상으로 16개 서구 민주국가들의 데이터를 조합하여 분석한 결과 자신들이 제시한 상호작용 모델(*interactive model*)이 상당한 경험적인 설명력을 가질 수 있는 것을 보여주었다.

시간이 흐르면서 알바레즈, 개럿, 랭의 모델은 예외적 사례들(*outliers*)의 영향력(Jackman 1987; 1989)에 대한 고려, 그리고 추정방식(*estimation method*) 도입(Beck et al. 1993; Western 1998) 등 다른 방법론적 시도들이 도입됨에 따라 도전을 받게 되었다. 벡(Beck)과 그의 공동연구자들은 알바레즈, 개럿, 랭의 상호작용 모델에 있어서 실업과 인플레이션에 대한 부분은 경험적인 적실성을 갖지 못한다는 점을 지적한 바 있지만(Beck et al. 1993, 945), 그들의 주요 발견 역시 여전히 경험적으로 면밀하게 검토되어야 할 여지가 남아 있다.

이에 본 장에서는 알바레즈, 개럿, 랭의 모델에서 제시된 연구결과들이 측정방법의 엄밀한 선택에 기초하고 있는가의 여부를 판단하기 위하여 그들의 경제성장 모델을 재검증해보고자 한다. 이러한 알바레즈, 개럿, 랭(Alvarez, Garrett, Lange 1991)의 주장을 재검증하는 작업은 이들의 연구가 비교정치경제학 분야에서 좌파 정당들이 차지한 내각의 장관직 비율을 토대로 정부의 이데올로기를 측정하는 방식을 채택한 연구들 중 가장 빈번하게 인용되고 있다는 점에서 중요한 의미를 가질 수 있다고 판단된다. 일단 본 장에서는 추정표본(*estimation sample*)의 차이로 발생할 수 있는 결과 차이의 문제를 해소하기 위하여 정부의 이데올로기에 대한 알바레즈, 개럿, 랭의 측정지표를 사용하고, 표본도 양 연구가 공동으로 포함하고 있는 국가들만을 대상으로 하였다.[10] 구체적인 연구모델은 다음과 같다.

$$\text{Growth}_{i,t} = \alpha + \beta_1 \times \text{Growth}_{i,t-1} + \beta_2 \times \text{OECD Demand}_{i,t} + \beta_3 \times \text{OECD Export}_{i,t} + \beta_4 \times \text{OECD Import}_{i,t} + \beta_5 \times \text{Labour Organization Index}_i + \beta_6 \times \text{Government Partisanship}_{i,t} + \beta_7 \times (\text{Labour Organization Index}_i \times \text{Government Partisanship}_{i,t}) + \varepsilon_{i,t}$$

- *$\text{Growth}_{i,t-1}$ = 시차(Lagged) 종속변수*
- *$\text{OECD Demand}_{i,t}$ = 표본 국가들의 '개방성' (수출(export)÷국내총생산(GDP))의 가중치를 고려한 매년 OECD 경제성장률*
- *$\text{OECD Export}_{i,t}$ = 개방성의 가중치를 고려한 매년 OECD 수출물가의 성장*
- *$\text{OECD Import}_{i,t}$ = 개방성의 가중치를 고려한 매년 OECD 수입물가의 성장*
- *$\text{Labour Organization Index}_i$ = 노동운동의 밀도와 집중도에 대한 표준화 수치의 합(Lange and Garrett 1985, 805)*
- *$\text{Government Partisanship}_{i,t}$ = 좌파 정당들이 차지한 내각 장관직의 연비율*
- *$\text{Labour Organization Index}_i \times \text{Government Partisanship}_{i,t}$ = 노동조합과 정부의 이데올로기 사이의 조건부적 관계(conditional relationship)를 통제하기 위한 교차항(multiplicative term)*

이 연구모델을 측정하기 위하여 필자는 벡과 그의 공동연구자들이 사용한 방식(Beck et al. 1993)을 채택하고자 한다. 벡과 그의 공동연구자들이 발표한 바 있듯이 독립변수들 간에 존재하는 일련의 상관관계는 시차 종속변수를 사용함으로써 적절하게 통제할 수 있

---

10) 양 연구에서 공동으로 포함하고 있는 국가들은 다음과 같다: 오스트레일리아, 오스트리아, 벨기에, 캐나다, 덴마크, 핀란드, 독일, 아일랜드, 이탈리아, 일본, 네덜란드, 노르웨이, 스웨덴, 영국, 미국.

〈표 6-1〉 정부의 이데올로기 및 관련된 통제변수들에 대한 대안적 측정방법들을 통해서 본 경제성장에 대한 전체표본 회귀분석

독립변수들	최초 연구결과[a]		재검증 I		재검증 II	
	β	PCSE	β	PESE	β	PCSE
시차 경제성장	.077	.094	.147	.0755	.1769*	.0756
OECD 공급조건들의 취약성	-.0025	.0019	-.0023	.0020	-.0026	.0019
OECD 공급조건들의 취약성(수입물가)	-.0009	.0017	-.0024	.0020	-.0029	.0020
OECD 공급조건들의 취약성(수입물가)	002*	.0012	.0033*	.0013	.0035*	.0014
노동조합지수(LORG)	-.700**	.216	-.7020**	.2474	-1.0045	.6137
좌파 정당들이 차지한 내각 장관직 비율(LOCAB)	-.023**	.007	-.0285**	.0080	-	-
LORG × LFCAB	.012**	.003	.0134**	.0032	-	-
정부의 이데올로기 (매니페스토)	-	-	-	-	-.0011	.0258
정부의 이데올로기 × LORG	-	-	-	-	.0104	.0098
상수	4.65**	.65	6.511**	.5942	6.021**	1.581
R^2	보고되지 않음		.54		.53	
N	224[b]		238[c]		238[c]	

* p〈0.05 (양측)

** p〈0.01 (양측)

* 참조: 각 연구모델에서 열에 기재된 수치들은 패널교정표준오차(PCSEs: *panel corrected standard errors*)에 의해 산출된 비표준화 경사도 추정치(*unstandardized slope estimates*)임. 모든 연구모델은 XTPCSE 과정을 사용하여 STATA 6.0으로 산출함.

a: 벡과 그의 공동연구자들(Beck et al. 1993)에 제시된 연구결과로 최초 알바레즈, 개럿, 랭(Alvarez, Garrett, Lange 1991)에 의해 제시된 추정과정에서 내재된 문제점들을 교정한 것임.

b: 이 회귀분석의 경우 1971년부터 1984년까지 16개 국가들에 대한 자료를 활용함.

c: 본 연구에서 수행한 재검증 연구모델은 알바레즈, 개럿, 랭(Alvarez, Garrett, Lange 1991)에서 설정한 연구시기와 동일한 1968년부터 1984년까지 14개 국가들에 대한 자료를 활용함.

다. 반면 이분산성(*heteroskedasticity*)과 동시대 오차 상관관계(*contemporaneous error correlation*)는 패널교정표준오차(PCSEs: *Panel Corrected Standard Errors*)의 추정치로 다루어진다. 본 장에서 연구의 표본이 되는 국가들을 대상으로 정부의 이데올로기에 대한 알바레즈, 개럿, 랭의 측정지표를 사용하여 재검증한 결과는 〈표 6-1〉의 두 번째 열에 제시되어 있다. 이 연구결과를 첫 번째 열에 제시되어 있는 알바레즈, 개럿, 랭이 최초에 활용한 국가들을 대상으로 벡과 그의 공동연구자들이 발표한 연구결과와 비교해 보면, 양 연구결과가 매우 일치하는 특성을 보인다는 점을 목격할 수 있다. 그러므로 우리는 결과적으로 정부의 이데올로기에 대한 필자의 측정지표를 교체함으로써 얻을 수 있는 차이점은 단지 필자의 정부 이데올로기 변수를 그들의 정부 이데올로기 변수로 교체함으로써 생겨나게 된다는 점을 확신할 수 있다.

이와 같은 교체로 인하여 발생하는 연구결과의 차이는 〈표 6-1〉의 세 번째 열에 제시되어 있다. 이 표에서 볼 수 있듯이 정부의 이데올로기를 알바레즈, 개럿, 랭의 측정방법과 달리 매니페스토 데이터에 기초하여 측정하였을 경우 연구결과에 상당한 변화가 있음을 목격할 수 있다. 〈표 6-1〉의 첫 번째 열과 두 번째 열의 연구결과를 보면 노동조합과 정부의 이데올로기 사이에는 조건부적 관계가 존재한다는 점이 강하게 지지된다. 하지만 세 번째 열의 연구결과를 보면 양자 간에는 별다른 상호작용이 존재하지 않는 것으로 나타난다.[11] 그리고 이러한 연구결과는 정부의 이데올로기를 어떠한 방식으로 측정하는

---

11) 필자가 재검증을 해보았지만 실업과 인플레이션을 종속변수로 설정한 연구모델의 결과는 본 장에서 제시하고 있지 않다. 필자가 매니페스토 데이터에 기초한 측정방법으로 교체하여 노동조합과 정부 이데올로기 사이의 상호작용을 분석해 본 결과 벡과 그의 공동연구자들(Beck et al. 1993)이 발견한 것과 동일하게 양자 간에 상호작용이 존재한다는 증거를 발견하지 못하였다.

가에 따라 분석을 통하여 얻을 수 있는 연구결과가 중요한 차이를 보일 수 있다는 점을 보여준다. 우리는 이와 같은 연구결과의 차이는 양 측정지표의 결점들을 추적함으로써 인지할 수 있다.

왜냐하면 가설적으로 말해서 우리는 PLCP 측정방법을 사용하여 도출한 최초의 연구결과가 진정으로 참된 연구결과라고 가정할 수 있기 때문이다. 그럼에도 불구하고 이러한 가정을 수용하기 위해서는 정당의 이데올로기를 이분법적이고 시간적으로 불변하는 속성을 가지는 것으로 간주하여 측정한 지표가 연속적이고 시간적으로 가변적인 속성을 지니는 관점에서 측정한 지표보다 우수하다는 점이 인정되어야 한다. 하지만 이러한 논쟁에서 후자가 전자와 비교하여 우수하다는 점은 이론의 여지가 없다. 그러므로 우리는 벡과 그의 공동연구자들이 최초에 발표한 연구결과는 측정방법의 오류로 인하여 편향된 추정계수를 산출함으로써 적실성을 갖기 힘들다는 결론을 도출할 수 있다.

6. 결론

본 장에서 필자는 제2차 세계대전 이후 시기 17대 민주국가들을 대상으로 교차국가적, 그리고 교차시기적 차원에서 정부의 이데올로기를 의미 있게 비교분석할 수 있는 연속적인 측정지표를 개발하여 제시해 보았다. 본 장에서 제시한 정부 이데올로기 측정지표는 1998년 필자가 포딩(Fording)과 함께 매니페스토 데이터에 기초하여 개발한 정당 이데올로기 측정지표(Kim and Fording 1998)와 월덴보프와 그의 공동연구자들(Woldendorp et. al 1993; 1998)에 의해 수집된 내각 장관직에 대한 사후 자료를 토대로 구축되어 있다.

필자는 본 장에서 정부의 이데올로기에 대한 기존의 측정방법이 문제가 있음을 지적하고 일 진보한 측정지표를 개발하였다고 자부한다. 정당 이데올로기를 매니페스토 데이터에 기초하여 측정하는 방식의 적실성 문제를 고려할 때 필자의 정부 이데올로기 측정지표는 앞서 제시한 근거들에서 볼 수 있듯이 상당한 적실성을 가질 수 있다고 판단된다. 더욱이 필자의 정부 이데올로기 측정지표는 기존의 측정지표와 비교하여 이분법적이고 서열적인 측정방식에서 벗어났다는 점, 그리고 시간의 흐름에 따라 정당 이데올로기의 변화를 가정하고 있다는 점에서 보다 우수한 측면이 존재한다고 볼 수 있다.

정부의 이데올로기를 측정하는 어떠한 측정방법도 위에서 제기한 문제점들을 내포하고 있을 경우 기본적으로 적실성의 문제에 직면하게 될 수밖에 없다. 본 장에서 좌파 정당들이 차지한 내각의 장관직 비율을 토대로 정부의 이데올로기를 측정하고 있는 기존 연구들을 비판하고 있는 이유도 여기에 있다. 특히 정부의 이데올로기를 측정함에 있어 통합자료(*pooled data*)를 토대로 이러한 기존의 측정방식이 가장 일반적으로 사용되어지고 있다는 점에서 문제의 심각성이 가중되고 있다.

그러므로 정부 이데올로기의 역할과 관련하여 과거 비교정치학자들이 수행하였던 경험적 연구결과들을 해석하고 평가하는 데 있어서 경계심을 갖고 주의를 기울일 필요가 있다. 본 장에서 수행한 알바레즈, 개럿, 랭의 경제적 성과 모델에 대한 재검증 작업은 비교정치연구에서 측정방법이 얼마나 중요한가의 문제를 보여준 하나의 사례에 지나지 않는다. 그러므로 향후 비교정치학자들이 정부 이데올로기의 역할에 대한 다양한 재검증 연구를 수행해 줄 것을 권장한다.

제3부

사회의 이데올로기 결정요소

제7장 | 경제와 국제관계

1. 서론

우리는 일정 기간 동안 특정 국가에서 투표자들이 보수 또는 진보 쪽으로 '이동'하였다는 말을 자주 접하게 된다. 예를 들면, 미국의 투표자들이 1980년대 동안 대체적으로 보수화되었다는 주장이 틀렸다고 반박할 사람들은 그리 많지 않을 것이다. 게다가 다수 국가들에서 공통된 이데올로기적 변화를 발견할 수 있다는 주장도 자주 제기되어진다. 즉 많은 정치비평가들은 미국만이 1980년대에 보수화의 경향을 보인 유일한 국가가 아니라는 점을 밝히고 있다. 마찬가지로 대부분의 사람들은 1960년대 모든 서구 민주국가에서 상대적으로 진보주의가 만발하는 특징을 보였다는 점에 동의한다.

서구 민주국가에서 투표자 이데올로기가 이처럼 외형적으로 유사한 변화양상을 보였다는 점을 전제할 때 우리는 다음과 같은 질문을 할 수 있다: 서구 민주국가들이 유사한 이데올로기적 변화 경로를 따르게 만드는 이들만의 공통된 경험이나 전통은 무엇인가? 만약 서구 민주국가들에서 이데올로기적 변화 경로가 서로 차이를 보인다면 그러한 차이를 유발시키는 원인은 무엇인가?

선거에 임하는 후보자, 정책 입안자, 그리고 정치학자 모두 이러한 질문들에 지대한 관심을 지니고 있다는 점은 명약관화하다. 그럼에도 불구하고 그동안 투표자 이데올로기의 변동 원인에 대하여 엄밀한 과학적 연구가 제대로 진행되지 못하였다. 그 이유는 정치학자들이 국가들 사이는 말할 것도 없고, 한 국가 내에서조차도 장기간에 걸쳐 변화를 측정할 수 있는 투표자 이데올로기의 지표를 개발하지 못하였기 때문이다. 그리고 이 점은 이데올로기가 정치행태 및 정치변화와 관련하여 중요한 영향을 미친다는 점을 고려할 때 매우 불행한 일이라 할 수 있다.

이 문제와 관련하여 필자는 1946년부터 1998년까지의 기간을 대상으로 25개 서구 민주국가들의 투표자 이데올로기 측정지표를 개발한 바 있다(제4장 참조). 필자는 투표자 이데올로기를 측정할 수 있는 지표를 만들기 위해서 먼저 버지와 그의 공동연구자들에 의해 수집되고(Budge et al. 1992), 이후 볼켄스(Volkens 1995)에 의해 개정된 매니페스토 데이터에 기반하여 정당 이데올로기 측정지표를 개발하였다. 필자는 이 정당 이데올로기 측정지표와 선거 데이터를 조합하여 53년 동안 이들 민주국가에서 실시된 모든 선거들을 대상으로 중위투표자(*median voter*)의 이데올로기적 위치를 산출해내었다. 그리고 다양한 방식으로 이 측정지표의 타당도를 검사해 봄으로써 이 측정지표가 통시적인 차원에서(*across different times*) 뿐만 아니라 교차국가적 차원에서도(*across differnet countries*) 투표자의 이데올로기에 대한 의미 있는 비교연구를 가능하게 해준다는 점을 밝혀내었다.

이 장에서는 필자가 개발한 투표자 이데올로기 측정지표를 사용하여 왜 서구 민주국가에서 투표자 이데올로기의 이동이 발생하는지에 대한 논의를 전개해 보고자 한다. 구체적으로 필자는 먼저 기존 연구에 대한 고찰과 이론적 논의를 토대로 서구 민주국가에서 투표자 이데올로기의 변화를 유발시키는 요인들에 대한 여러 가설들을 제시하고자 한다. 그리고 이어서 투표자 이데올로기의 변화에 대한 합동 시계열분석(*a pooled time series*)의 결과를 제시하여 설명한 후 주요 발견들에 대한 논의를 전개하고자 한다.

2. 이론

필자는 앞에서 제시되었던 투표자 이데올로기의 변화 동향을 고려할 때 투표자 이데올로기 변화에 대한 연구모델은 다음의 두 가지 유형의 변수를 포함해야 한다고 생각한다. 하나는 이데올로기가 한 국가 내에서 발생한 요소에 의해 영향을 받는 것으로 생각되어질 수 있다는 것이다. 또 다른 하나는 이데올로기가 한 국가의 주변국가에 존재하는 요인으로부터도 영향을 받는다는 점이다. 이제 이 두 가지 요소에 대하여 논의해보도록 하겠다.

1) 내적 요소들

앞에서 제시되었던 투표자 이데올로기의 변화 동향을 근거로 이들 국가의 이데올로기에 영향을 미치는 내적 요인들에 대한 몇 가지 가설들을 유추할 수 있다. 특히 앞서 제3장에서 살펴본 투표자 이데올로기의 변화 동향은 이들 국가의 일반적인 경제적 상황의 변화와 일치하는 특징을 보인다. 미국의 여론에 대한 분석을 통하여 더(Durr 1993)는 경제와 좌-우 이데올로기의 관계가 매우 직접적으로 형성되어 있음을 밝힌 바 있다. 그는 투표자는 경제가 안 좋을 것으로 예상되는 경우 자신의 경제적 안녕에 보다 많은 관심을 가질 가능성이 높기 때문에 보수화되는 경향이 있으며, 따라서 확장주의적 진보주의 정책을 지지할 가능성이 떨어지게 된다는 점을 발견하였다. 그러나 경제가 좋아질 것이라고 생각되는 경우 투표자는 유용할 수 있는 자원이 상대적으로 많다는 점과 경제적 번영이 불러일으키는 관대함 덕분에 보다 진보주의적인 성향을 띤다고 주장하였다.

이러한 더의 발견에 근거하여 1960년대와 1970년대 초에 서구 전반에 걸쳐 진보주의가 번성하였던 이유는 대체적으로 긍정적인 경제적 상황의 상호작용에 의해 가능하였다고 생각할 수 있다. 마찬가지로 1970년대에 시작된 우경화는 이러한 경제적 상황이 악화된 것의 결과라고 할 수 있다.

이러한 관점에서 필자는 투표자 이데올로기와 중앙정부의 능력을 평가하기 위하여 일상적으로 사용되는 국가경제 상태 관련 세 가지 지표 사이의 관계를 조사해 보고자 한다. 구체적으로 이 세 가지 지표는 다음과 같다: 전반적인 생활수준에 대한 측정지표로서 국내총생산(GDP)과 경제적 빈곤의 지표로서 실업률과 인플레이션율(이에 대해서는 Lewis-Beck 1988을 참조).

필자는 투표자들의 이데올로기가 경제상태에 따라 변화할 것으로 기대한다. 하지만 현 정부가 경제상태의 좋고 나쁨에 따라 긍정적이거나 부정적인 평가를 받는 경향이 있기 때문에 이데올로기 변화의 폭은 현 정부의 이데올로기적 구성이 어떻게 되어 있는가에 영향을 받을 수 있을 것으로 생각된다. 이러한 이론적 논의는 다음과 같은 가설들로 구체화될 수 있다.

〈가설 1〉 경제가 성장하면 투표자 이데올로기는 좌경화되는 특징을 보인다.

〈가설 2〉 실업률이 증가하면 투표자 이데올로기는 우경화되는 특징을 보인다.

〈가설 3〉 인플레이션이 증가되면 투표자 이데올로기는 우경화되는 특징을 보인다.[1)]

〈가설 4〉 경제가 투표자 이데올로기 변화에 미치는 영향의 폭은 현 정부의 이데올로기에 영향을 받는다.

2) 외적 요소들

필자는 정치비평가들이 오랜 기간 동안 논의해 왔던 이데올로기 확산과정을 명백하게 목격할 수 있듯이, 이데올로기적 변화는 일정 수준 공통된 경향을 보였다고 생각한다. 국가들 사이의 이데올로기 확산에 대한 가장 직접적인 가설은 아마도 한 국가에서의 이데올로기적 변화가 그 국가와 가장 자주 접촉하는 국가의 이데올로기에 영향을 미칠 수 있다는 점일 것이다. 따라서 이데올로기의 확산을 가져오는 한 가지 중요한 요소로서 지정학적 근접성의 문제를 생각해볼 수 있다.

---

1) 투표자들은 인플레이션의 원인에 근거하여 높은(혹은 낮은) 수준의 인플레이션에 반응할 것으로 생각되어진다. 우선 수요견인 인플레이션(*demand-pull inflation*)은 그 잠재능력이 거의 최대한 구현되고 완전고용 단계에 근접한 경제상황 하에서 수요가 과대하게 증가되었을 때 발생한다. 그리고 이러한 상황은 정부가 재정정책을 잘못 운영할 경우 더욱 악화되어진다. 즉 지출을 늘리거나 혹은 세입을 줄임으로써 재정적자가 늘어난다는 측면에서 볼 때 과다하게 확장적인 재정정책은 수요를 지나치게 증가시켜 판매자로 하여금 가격을 올리게 하고, 소비자는 기꺼이 그 가격을 지불하도록 만들어 경제를 과열시킨다(가장 대표적인 예로서, 경제 호황기에 존슨 정부가 연방수입세금을 감면한 조치를 들 수 있다). 그러므로 일단 인플레이션이 증가하게 되는 경우 전형적인 투표자의 반응은 긴축정책과 함께 지출을 줄이라는(세금을 올리라기보다는) 요구를 하는 것이다. 즉 투표자들은 작은 정부를 요구하며 우경화되는 특징을 보인다. 우리는 또한

〈가설 5〉 특정 국가에서의 투표자 이데올로기는 인접한 국가의 투표자 이데올로기와 연계되어 있다.

마지막으로 투표자 이데올로기에 영향을 미치는 추가적인 외적 요인으로 국제환경을 들 수 있다. 아이켄버그와 달톤(Eichenberg and Dalton 1993)은 유럽통합에 대한 유럽인들의 여론을 연구하면서 동-서 간의 긴장(소련의 미국에 대한 '완벽하게 갈등적인' 행위들로 측정됨)과 유럽인들의 유럽 통합에 대한 지지 사이에는 역의 관계가 존재한다는 점을 발견하였다. 이들은 이에 대하여 다음과 같이 설명하고 있다: "안보적 위협에 의하여 유럽의 미국에 대한 의존이 명백하게 구체화되는 경우 유럽 자체만의 노력보다는 북대서양조약기구(NATO)의 개입을 지지하는 사람들의 수가 늘어난다" (Eichenberg

---

비용인상 인플레이션(*cost-push inflation*)의 경우를 생각해 볼 수 있다. 선진 자본주의 경제체제에서 가장 중요한 비용은 노동에 대한 대가이다. 예를 들어 1980년대 초 미국 국민총생산(GNP)의 약 61%가 고용인의 임금을 지급하는 데 사용되어졌다(Economic Report of the President 1983). 그러므로 비용인상 인플레이션을 논의하기 위한 하나의 자연스러운 출발점은 임금이 인플레이션에 미치는 영향이라 할 수 있다. 만약 경제에 있어서 임금의 총합이 생산성(1시간당 산출량)보다 빠르게 증가하는 경우 각 산출량 한 단위당 노동비 또한 증가할 수밖에 없다. 물건을 판매하는 사람들은 이윤을 적게 남기거나 높은 가격을 책정함으로써 추가비용을 소비자에게 떠넘기는 방안을 선택하게 된다. 그렇지만 거의 대부분의 경우에 후자의 방식이 채택될 것이라 생각할 수 있다. 이런 경우 인플레이션은 임금 수준이 생산성 수준을 앞섰다는 측면에서 특정 노동부문의 성공을 반영하고 있는 것이다(이러한 과정의 보다 진보적인 해석은 경기순환의 계급갈등 이론으로 귀결되었다. 보다 자세한 내용은 Mitchell 1913; Boddy and Crotty 1975; Cameron 1984를 참조). 노동비용의 상승이 인플레이션을 압박하게 되면 투표자들은 노동을 통제하라고 요구하면서 우경화되는 경향을 보이게 된다. 물론 노동비의 인상이 비용인상 인플레이션의 유일한 원인은 아니다. 1970년대에 나타났듯이 석유 가격의 인상은 인플레이션을 올릴 수 있는데, 그 이유는 산업화된 경제체제에서 석유가 생산을 위한 중요한 투입요소이기 때문이다.

and Dalton 1993, 515). 마찬가지로 동-서 간의 긴장이 고조되는 경우 서구 민주국가들에서 "자본주의적 민주주의를 보호하거나" 또는 "미국을 중심으로 뭉치자"는 분위기가 조성될 것으로 기대할 수 있다. 이러한 논의가 타당하다면 동-서 간의 긴장이 상대적으로 높을 때 투표자 이데올로기가 보수화되는 경향을 보일 것으로 예상할 수 있다.

〈가설 6〉 높은 수준의 동-서 간 긴장은 투표자 이데올로기의 보수화를 유발시킨다.

3. 측정, 방법론, 분석

투표자 이데올로기의 변화를 설명하기 위하여 필자는 1952년부터 1989년까지의 기간을 대상[2]으로 13개 민주국가들의 투표자 이데올로기를 조사하였다. 종속변수는 선거가 있던 해의 투표자 이데올로기 측정지표이며, 연구사례수(N)는 146개이다.

---

2) 연구기간은 사용가능한 매니페스토 데이터와 경제 데이터 때문에 제약을 받을 수밖에 없었다. 비록 필자는 이 기간 동안 모두 15개 민주국가에 대한 투표자 이데올로기 측정지표를 산출해내었지만 룩셈부르크는 이 기간의 경제 데이터가 존재하지 않았기 때문에 분석에서 제외되었다. 또한 필자는 벨기에도 분석대상에서 제외시킬 수밖에 없었는데, 그 이유는 벨기에의 경우 내각구성 데이터와 매니페스토 데이터를 연계시키기 어려워 정부 이데올로기를 측정하기가 현실적으로 불가능하였기 때문이다. 벨기에의 경우 정당이 자주 당명을 변경하였을 뿐만 아니라 존재 기간이 짧은 정당들이 매우 많았으며 생명력이 짧은 연합(이 연합들은 공동으로 작성한 매니페스토를 만들었다)이 빈번하게 발생하였기 때문에 정부 이데올로기 점수를 산출하는 것이 대체로 불가능하였다.

1) 독립변수

● 내적 요소들

앞서 정립한 〈가설 1, 2, 3〉에 근거하여 필자는 세 가지의 경제지표를 독립변수로 사용하였다. 경제성장과 인플레이션은 각 국가의 연간 국내총생산 변화(%)와 소비자물가지수(*comsumer price index*)로 측정되었다. 실업은 각 국가의 연간 실업률로 측정되었다. 이들 변수는 경제가 투표자의 행태에 미치는 영향을 분석한 다른 비교연구에서도 자주 사용되어지는 것들이며, 경제적 요인들이 종속변수에 영향을 미치기 위해서는 일정 시간이 경과해야 한다는 점을 고려하여 일 년의 시차를 두어 측정하였다(Paldam 1991; Powell and Whitten 1993).[3]

〈가설 4〉에서 필자는 경제변수의 영향은 현 정부의 이데올로기에 영향을 받을 수도 있다는 점을 지적하였다. 이 가설을 검증하기 위하여 필자는 정부 이데올로기를 다음과 같이 측정하였다. 우선 필자가 투표자 이데올로기 측정지표를 만들기 위하여 사용하였던 정당 이데올로기 측정지표로부터 시작하였다(Kim and Fording 1998). 그 다음에 제2차 세계대전 이후부터 1989년까지의 기간에 걸쳐 본 연구의 표본에 포함된 국가들에서 각 정당이 내각에 얼마나 참여하였는지 그 수를 조사하였다.[4] 그리고 매 해마다 각 정당의 내각 구성 비율을 가중치로 삼아 정당 이데올로기의 가중평균을 산출해내었다.

---

3) 이 데이터들의 출처는 다음과 같다. 국민총생산: Penn World Tables(http://cansim.epas.utoronto.ca: 5680/pwt/pwt.html); 인플레이션과 실업: Bruce Western(1985년까지)과 Andre Blais(1985년 이후)가 만든 경제협력개발기구(OECD) 데이터.

4) 이를 위하여 필자는 월덴도프, 케만, 버지(Woldendorp, Keman, Budge 1993; 1998)가 사용한 내각구성 데이터를 사용하였다.

따라서 한 정당이 정부를 구성하는 경우 정부 이데올로기는 이 집권정당의 정당 이데올로기가 된다. 그러나 여러 정당들이 연립정부를 구성한 경우 이 측정방식은 각 정당의 서로 다른 이데올로기와 이들의 상대적 권력지분에 대한 정보를 고려할 수 있다는 장점이 있다. 필자의 정당 이데올로기 측정지표가 0에서 100점에 걸치는 상대적 진보(좌파)에 대한 등간척도이기 때문에 정부 이데올로기 지표도 마찬가지로 0에서 100점에 걸치는 상대적 진보(좌파)에 대한 지표가 된다. 경제변수와 정부 이데올로기 사이의 상호작용을 검증하기 위하여 필자는 통계모델에 다음과 같은 변수들을 서로 곱한 상호작용 변수를 추가적으로 포함시켰다: 경제성장×정부 이데올로기, 인플레이션×정부 이데올로기, 실업×정부 이데올로기.

● 외적 요소들

필자는 앞서 가설을 정립하면서 투표자 이데올로기에 영향을 미치는 외적 요소들로 이데올로기의 확산과 국제정치적 환경의 영향을 언급한 바 있다. 비록 한 국가에서 발생한 이데올로기의 변화가 다른 국가들의 이데올로기에 영향을 미치는 방식은 매우 다양할 수 있지만 필자는 다소 직접적인 확산 과정을 모델화하고자 한다. 즉 필자는 한 국가의 투표자 이데올로기는 인접한 국가의 이데올로기에 영향을 받을 것이라는 가설을 채택하고자 하며, 여기서 인접한 국가는 실제로 국경선을 접한 국가로 그 개념을 정의하고자 한다.[5] 필자가 인접국가 이데올로기라 명칭한 이 변수는 각 국가에 있어서 그 국가의 인접국가들을 확인하고 난 다음에 그 국가의 인구(전체 인접국가 국민들의 비율)를 가중치로 사용하여 인접국가 이데올로기의 가중 평균

---

5) 필자는 비록 실질적으로 국경선을 접하고 있지는 않지만 뉴질랜드와 오스트레일리아를 인접한 국가로 분류하였다.

을 구함으로써 산출하였다.

그러나 몇몇 국가들의 경우 가용할 수 있는 데이터가 존재하지 않았기 때문에 이러한 방식만으로 모델을 만드는 데 많은 어려움이 있었다(몇몇 분석대상 국가의 경우 인접국가에 대한 데이터가 완벽하게 존재하지는 않았다).[6] 또 다른 문제는 하나의 분석대상 국가와 그 인접국가들 사이의 인구수 차이와 연계되어 있다. 미국에서 벌어지고 있는 일에 캐나다가 영향을 받는 만큼 캐나다에서 벌어지는 일에도 미국과 같이 큰 나라가 똑같이 영향을 받을 것이라 기대해서는 안 된다는 점은 분명하다. 인접한 국가들과 비교할 때 상대적으로 규모가 큰 국가들에서 나타나는 이와 같은 축소효과(*weaker effect*)를 고려하기 위하여 필자는 '인접국가 이데올로기×인구비례' 변수를 모델 안에 추가하였다. 여기서 인구비례는 인접국가의 전체 인구수에 대한 분석대상 국가의 인구수 비례를 의미한다. 필자는 분석대상 국가의 투표자 이데올로기가 인접국가의 이데올로기와 양적인 관계를 지닐 것으로 예상한다. 하지만 이러한 관계의 강도는 인접국가의 인구수에 대한 분석대상 국가의 인구수 비례가 증가할수록 감소할 것으로 판단된다.

마지막으로 필자는 이데올로기가 국제정치적 환경에 의해 영향을 받을 수 있다는 가설을 앞서 제시한 바 있다. 보다 구체적으로 필자는 높은 수준의 동-서 간 긴장은 투표자 이데올로기를 보수화시킬 것이라는 가설을 제시하였다. 이러한 가설을 검증하기 위하여 필자가 사용한 변수는 특정 연도에 미국과 소련의 관계가 얼마나 좋은지 또

---

6) 각 분석대상 국가들의 인접국가 목록은 다음과 같다. 스웨덴: 노르웨이와 덴마크, 노르웨이: 스웨덴, 덴마크: 독일과 스웨덴, 네덜란드: 독일, 이탈리아: 오스트리아, 서독: 덴마크와 네덜란드와 오스트리아, 오스트리아: 독일과 이탈리아, 영국: 아일랜드, 아일랜드: 영국, 미국: 캐나다, 캐나다: 미국, 뉴질랜드: 오스트레일리아, 오스트레일리아: 뉴질랜드.

는 나쁜지를 보여주는 연간 측정지표이다. 국제정치를 전공하는 학자들은 여러 가지의 국제적 상황지표(*International Climate Index*)를 개발하여 왔다. 우리는 배진수(Bae 1992), COPDAB(*Conflict and Peace Data Bank*), 그리고 WEIS(*World Events Interaction Survey*)의 사건 데이터를 종합하여 만든 지표를 사용할 것이다. 이 변수는 -1에서 +1 사이의 값을 지니며, 그 값이 올라갈수록 두 국가 사이의 관계가 나쁜 것을 의미한다.

이러한 변수들이 투표자 이데올로기에 미치는 영향을 확인하기 위하여 필자는 합동 시계열분석을 수행하였다. 벡과 캣츠(Beck and Katz 1996)가 논의한 대로 필자는 최소자승법(OLS: *Ordinary Least Square*)을 사용하여 모델의 회귀계수를 산출해내었다. 그리고 계열상관(*serial correlation*)의 문제를 해결하기 위하여 종속변수를 일 년의 시차를 주어 하나의 독립변수로 모델에 포함시켰고, 이(異)분산성(*heteroskedasticity*)과 공간자기상관(*spatial autocorrelation*)의 존재 문제를 고려하여 패널교정표준오차(*panel corrected standard errors*)를 산출해내었다. 최종 연구모델은 다음과 같다.

$$
\begin{aligned}
\text{투표자 이데올로기}_{i,t} = \dot{\alpha} + \beta_1 \times \text{투표자 이데올로기}_{i,t-1} + \\
\beta_2 \times \text{경제성장}_{i,t-1} + \beta_3 \times \text{인플레이션}_{i,t-1} + \beta_4 \times \text{실업}_{i,t-1} + \\
\beta_5 \times (\text{경제성장}_{i,t-1} \times \text{정부 이데올로기}_{i,t-1}) + \\
\beta_6 \times (\text{인플레이션}_{i,t-1} \times \text{정부 이데올로기}_{i,t-1}) + \\
\beta_7 \times (\text{실업}_{i,t-1} \times \text{정부 이데올로기}_{i,t-1}) + \\
\beta_8 \times \text{정부 이데올로기}_{i,t-1} + \beta_9 \times \text{인접국가 이데올로기}_{i,t-1} + \\
\beta_{10} \times (\text{인접국가 이데올로기}_{i,t-1} \times \text{인구비례}_{i,t-1}) + \\
\beta_{11} \times \text{인구비례}_{i,t-1} + \beta_{12} \times \text{국제적 상황}_{i,t-1} + e_{i,t}
\end{aligned}
$$

4. 결과

필자가 설정한 연구모델의 회귀계수는 〈표 7-1〉의 첫 번째 열에 제시되어 있다. 이 표를 보면 내적 요소들이 지니는 영향과 관련하여 투표자 이데올로기가 경제적 상황에 영향을 받는다는 하나의 증거를 발견할 수 있다. 그러나 다른 연구들과는 달리 본 연구의 결과는 투표자 이데올로기에 실업과 경제성장은 통계적으로 무의미한 영향을 미치며, 단지 인플레이션만이 투표자 이데올로기와 강하게 연계되어 있다는 점을 보여주고 있다. 물론 이러한 연구결과를 통하여 실업과 경제성장이 몇몇 특정 국가들 내에서 영향을 미칠 수도 있는 가능성을 완전히 배제할 수는 없다. 그러나 이 연구는 인플레이션이 투표자 이데올로기에 있어서 아마도 가장 중요한 결정요인이라는 점을 보여주고 있다고 하겠다.

비록 인플레이션이 투표자 이데올로기와 통계적으로 유의미하게 연계되어 있으나, 그 효과의 방향은 현 정부의 이데올로기에 영향을 받는 것으로 보인다. 이러한 조건부적 관계는 〈표 7-1〉의 상호작용 변수, 즉 인플레이션$_{i,t-1}$×정부 이데올로기$_{i,t-1}$의 통계적 유의미성에 반영되어 있을 뿐만 아니라 정부 이데올로기의 값들이 변화됨에 따라 인플레이션의 회귀계수가 어떻게 변하는지를 보여주고 있는 〈그림 7-1〉에도 잘 나타나고 있다.

이 연구결과에 의하면 대부분의 보수적 정부에 있어서(정부 이데올로기=0) 인플레이션의 1% 증가는 투표자의 진보적 성향을 약 1.2점 올리는 것으로 나타난다. 이것은 〈표 7-1〉의 인플레이션 변수의 회귀계수값이나 〈그림 7-1〉의 절편값에 반영되어 있다. 이는 보수주의자들이 집권하였을 때 경제정책의 실패는 투표자들을 진보주의 쪽으로 이동시킴을 의미한다. 이와는 반대로 진보적 정부가 들어섰을 때에는 인플레이션이 상반된 영향을 미칠 것으로 예상된다. 대부분의 진

〈표 7-1〉 투표자 이데올로기에 대한 합동시계열 분석 결과

독립변수	모델 1		모델 2	
	β	PCSE	β	PCSE
투표자 이데올로기$_{i,t-1}$	0.16	0.12	0.20*	0.11
정부 이데올로기$_{i,t-1}$	0.33*	0.18	0.25	0.17
인플레이션$_{i,t-1}$	1.17	0.87	0.83	0.79
인플레이션$_{i,t-1}$ ×정부 이데올로기$_{i,t-1}$	-0.03*	0.01	-0.03*	0.01
실업$_{i,t-1}$	-0.49	1.15	-0.78	1.10
실업$_{i,t-1}$×정부 이데올로기$_{i,t-1}$	0.00	0.02	0.01	0.02
경제성장$_{i,t-1}$	-0.02	0.96	0.13	0.85
경제성장$_{i,t-1}$ ×정부 이데올로기$_{i,t-1}$	0.00	0.02	0.00	0.02
인접국가 이데올로기$_{i,t-1}$	0.14	0.13	0.13	0.14
인접국가 이데올로기$_{i,t-1}$ ×인구비례$_{i,t-1}$	-0.03*	0.02	-0.03*	0.02
인구비례$_{i,t-1}$	-1.25	2.05	-1.01	2.41
국제적 상황$_{i,t-1}$	-0.28	3.03	-	-
국제적 상황$_{i,t-1}$×1950년대	-	-	-24.45*	7.79
국제적 상황$_{i,t-1}$×1960년대	-	-	6.98	6.43
국제적 상황$_{i,t-1}$×1970년대	-	-	13.11*	6.41
국제적 상황$_{i,t-1}$×1980년대	-	-	-0.64	7.06
1960년대	-	-	-2.03	3.28
1970년대	-	-	1.20	3.13
1980년대	-	-	-1.52	3.50
R^2	0.57		0.63	
N	146		146	

1. *: p 〈 0.05 한쪽꼬리 검증(one-tailed test)
2. 각 모델에 있어서 각 열의 수치는 비표준회귀계수와 패널수정 표준오차(PCSE)를 의미한다. 모든 모델은 국가 더미변수를 사용하여 STATA로 측정되었다.

〈그림 7-1〉 현 정부의 이데올로기를 고려한 상태에서 인플레이션이 투표자 이데올로기에 대하여 지니는 예측효과

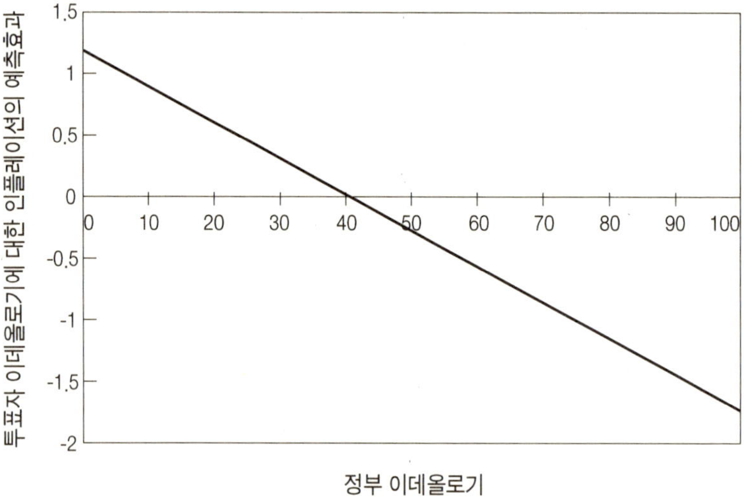

* 정부 이데올로기는 정부가 얼마나 진보적(좌파적) 성향을 보이는가로 측정되어 있다. 따라서 높은 값은 보다 진보적(좌편향적)인 정부를 의미한다. 수직축의 값은 다른 변수들의 영향을 통제한 상태에서 인플레이션이 투표자 이데올로기에 미치는 영향을 의미하는 회귀계수의 예측값을 나타낸다.

보적 정부에서(정부 이데올로기=100) 인플레이션의 1% 증가는 투표자 이데올로기를 1.7점($1.2+\beta_6 \times 100$) 감소시키는 것으로 나타났다. 따라서 투표자들은 정부의 업무수행을 평가하고 어떤 정책들이 성공적으로 이루어지는지에 대한 자신들의 믿음을 업데이트하기 위한 중요한 측정지표로 인플레이션을 참조하고 있는 것으로 판단된다.

아마도 〈그림 7-1〉에 나타난 가장 흥미로운 발견은 온건한 정부 또는 이데올로기 수치의 중간지점에 위치한 정부하에서 인플레이션의 영향이 어떻게 나타나는지와 연계되어 있다. 이러한 정부하에서 경제적 조건은 투표자 이데올로기에 있어서―적어도 집합적인 측면에서

본다면—별다른 변화를 만들어내지 못하는 것으로 나타났다. 이러한 상황은 어떤 이데올로기—진보주의 또는 보수주의—가 경제적 상황에 책임이 있는지 불확실하기 때문에 발생하는 것으로 사료된다.

외적 요소들과 관련된 변수들을 살펴보면 국제환경이 이데올로기에 영향을 미친다는 가설이 타당하다는 경험적 증거는 발견되지 못하였다. 회귀계수의 부호가 예상된 방향으로 나타나기는 하였지만 표준오차의 값이 크고 t값이 일반적으로 사용되는 유의미성의 기준을 넘어서지 못하였다. 그러나 이데올로기의 확산이 지니는 영향은 통계적으로 유의미한 것으로 나타났다. 이데올로기 확산의 영향을 반영하고 있는 회귀계수의 값은 앞서 가설을 정립할 때 언급한 것처럼 확산과정이 인접국가들과 비교하여 상대적으로 작은 국가들에서 가장 강하게 나타나는 것으로 드러났다.

이러한 회귀계수의 값은 다음과 같이 해석되어질 수 있다: 한 국가의 인구가 인접국가의 인구의 단지 10%에 불과한 경우 인접국가 이데올로기의 1점 증가는 대략 그 국가 이데올로기의 0.14점 증가로 이어진다. 그러나 이러한 효과는 한 국가의 인구수가 인접국가의 인구수보다 많아지는 경우 감소하는 것으로 나타났다. 예를 들어, 인접국가와 비교하여 두 배의 인구수를 지니고 있는 국가의 경우 인접국가 이데올로기의 영향은 0.075점($\beta_9 + \beta_{10} \times 2$) 떨어지는 것으로 예측되었다.

● 추가분석

필자는 앞서 정립한 가설들이 이론적으로 매우 타당하였다고 생각함에도 불구하고 〈표 7-1〉의 결과에서 나타나듯이 몇몇 가설들은 경험적인 지지를 획득하지 못하였다. 따라서 필자는 연구모델을 여러 각도에서 보다 정교화시키고자 한다.[7] 연구모델을 정교화하는 데 있어서 가장 흥미로운 고려사항 중 하나는 특정 변수의 영향이 역사적 시기가 다름에 따라 변할 수 있다는 점이다. 특히 이 점은 경제변수와 관련하여 더 의미가 있다고 할 수 있다. 왜냐하면 1970년대 대부분의 국가가 겪었던 석유파동이 투표자들로 하여금 경제정책의 수행에 대한 상이한 평가를 내리게 할 수도 있었기 때문이다. 또한 같은 맥락에서 핵전쟁의 위협이 시기별로 매우 다른 이데올로기적 반응을 유발시킬 수 있다는 측면에서 동-서간의 긴장이 지니는 효과도 시기별로 달라질 수 있을 것으로 기대할 수 있다.

필자는 이러한 가능성들을 연구모델 안에 상호작용 변수를 포함시켜 조사해보았다. 상호작용 변수를 통하여 우리는 경제변수나 동-서간의 긴장변수가 지니는 효과가 역사적 시기의 차이에 따라 변하는지 여부를 알 수 있을 것이다. 경제변수에 관련해서는 제1차 석유파동이 있었던 1973년을 전후하여 이 변수들의 영향이 변하는지를 조사하여 보았다. 이 연구결과는 〈표 7-1〉의 첫 번째 열에 나타나 있는 연구결과와 별다른 차이를 보이지 않았기 때문에 따로 표에 제시하지는 않았다.[8]

국제상황을 나타내는 변수에 있어서는 시기별로 이 변수의 영향을

---

7) 아래에서 다룰 연구모델의 정교화에 대한 문제 이외에도 필자는 대안적 시차구조와 더불어 상이하게 측정된 종속변수와 독립변수를 사용하여 몇 가지 실험을 하였다. 이러한 대안적 연구모델들 중 그 어떤 것도 〈표 7-1〉에 제시된 결과와 매우 다르거나 또는 이론에 좀더 부합하는 결과를 만들어내지는 못하였다. 우리는 또한 연구결과 자체가 다중공선성에 영향을 받았을 가능성도 고려해보았다. 실제로 상호작용과 관련된 변수들에 있어서 매우 높은 다중공선성이 발견된다는 통계검증 결과를 찾아낼 수 있었다. 이러한 것이 투표자 이데올로기에 통계적으로 무의미한 영향을 미치는 것으로 나타나 실업과 경제성장 변수의 영향을 측정하는 데 문제를 유발한 것으로 보인다. 상호작용 변수를 빼고 모델을 만들어 보았을 때 회귀계수는 가설에서 제시하고 있는 부호를 보였다. 하지만 t값은 여전히 매우 작았고, 일반적으로 받아들여지는 통계적인 유의미성을 확보하지 못하였다.

8) 이 상호작용 모델의 연구결과에 따르면 실업과 경제성장 변수들의 영향은 계속 통계적으로 무의미하게 나타났다. 하지만 인플레이션의 효과는 석유파동 이전에는 보다 강하게 나타났다.

비교할 수 있게 해주는 상호작용 모델을 통하여 이 변수의 영향이 시기별로 안정성을 보이고 있는지를 조사해보았다. 이러한 분석은 〈표 7-1〉의 두 번째 열에 제시되어 있는 매우 흥미로운 연구결과를 만들어내었다. 10년 단위로 국제상황의 영향이 어떻게 변하는지는 미국과 소련의 관계를 측정한 지표와 각 10년의 시기를 측정하고 있는 더미변수를 곱한 일련의 상호작용 변수들의 회귀계수를 살펴봄으로써 알 수 있다. 상호작용 변수들의 회귀계수는 각 10년의 기간 동안 동-서 간의 긴장이 투표자 이데올로기에 미치는 영향을 반영하고 있다.

우선 1950년대는 동-서 간의 긴장이 증가하게 되는 경우 투표자 이데올로기가 보수화되는 경향을 보였다. 그러나 1970년대에는 긴장의 증가가 오히려 투표자들을 좌경화시킴으로써 정반대의 효과를 만들어내는 것으로 나타났다. 이러한 연구결과는 이 시기 각 국가들의 전반적인 분위기와 잘 들어맞는다는 점에서 매우 흥미로운 연구결과라 할 수 있다. 1950년대에 소련이 그 인접국가들을 침공해 들어가는 것을 목격한 많은 유럽인들은 미국을 자신들의 국가를 보호하는 존재로 인식하는 경향이 있었다. 따라서 긴장이 고조될 때 이들은 보다 보수적인 방향으로 선회한 것이다. 그러나 1960년대 말과 1970년대에는 진보적 학생운동과 환경보호운동, 그리고 미국이 유럽에 있어서 핵무기를 전방 배치하는 것에 대한 유럽인들의 반대운동 등이 일어났다. 이러한 운동들의 기저에는 미국과 소련 사이에 갈등이 발생할 경우 유럽이 전쟁터가 될 수 있다는 유럽인들의 두려움이 존재하였다. 이러한 점은 1970년대 동-서 간의 긴장이 고조되었을 때 투표자들이 좌경화되는 경향을 보인다는 필자의 발견과 환경보호운동의 성공에 대한 훌륭한 설명을 제시하고 있다고 할 수 있다.[9]

---

9) 독일의 사례에 대해서는 바크와 그레스의 저서(Bark and Gress 1989)를 참조할 수 있다.

5. 토론

본 연구에서 필자는 이전에 개발한 투표자 이데올로기 측정지표를 사용하여 제2차 세계대전 이후 기간 동안 13개 서구 민주국가들에서 투표자 이데올로기가 어떤 이유 때문에 이동하였는지를 고찰해 보았다. 이를 통해 필자의 투표자 이데올로기 측정지표가 통시적으로 뿐만 아니라 공시적으로도 투표자 이데올로기에 대한 의미 있는 비교연구를 가능하게 한다는 점을 밝힐 수 있었다. 그리고 연구결과 투표자 이데올로기의 이동은 국내적 요인과 국제적 요인에 기인한다는 점을 발견하였다.

국내적 요인의 측면에 있어서 국가의 경제적 상황, 특히 인플레이션이 투표자 이데올로기의 이동을 주도하는 주요한 요인으로 나타났다. 그리고 앞서 살펴보았지만 이러한 경제적 요인의 영향은 현 정부의 이데올로기적 구성에 따라 완화되어짐을 알 수 있었다. 이데올로기 스펙트럼상에서 투표자들의 이동은 경제적 상황뿐만 아니라 투표자들이 현 정부의 이데올로기를 어떻게 인식하는가에 따라서도 좌우된다는 점은 정당과 정치인들에게 매우 중요한 함의를 제공한다고 판단된다.

본 연구를 통해 인접한 서구 민주국가들 사이에 이데올로기의 확산이 일어나고 있다는 점을 발견함으로써 투표자 이데올로기의 이동에 있어서 국제적 요소도 중요하다는 점을 확인할 수 있었다. 이데올로기 확산의 영향은 인접국가와 비교하여 상대적으로 작은 국가들에서 가장 크게 나타났다. 이러한 연구결과는 이데올로기의 확산과정이 정치비평가들이 수 년에 걸쳐 주장해 온 이데올로기의 공통된 변화방향을 일정 정도 설명하고 있는 것이라 할 수 있다.

또한 본 연구는 국제정치적 환경, 특히 냉전 기간 동안 동-서 간의 긴장 수준에 의하여 이데올로기가 영향을 받는다는 점을 발견하였다. 그리고 필자는 분석을 통하여 동-서 간의 긴장이 서구 민주국가의 투표자 이데올로기에 미치는 영향은 시기별로 차이를 보인다는 점을 제시하였다. 주로 1950년대 동안 동-서 간의 긴장 고조는 투표자 이데올로기를 보수화시키는 효과를 발생시켰다. 그러나 1970년대 동-서 간의 긴장 고조는 투표자들을 좌경화시키는 효과를 발생시켜 이전과 비교하여 정반대의 효과를 유발시킨 것으로 나타났다. 이와 같은 연구결과는 유럽인들의 유럽에 있어서 미국의 역할에 대한 관점의 변화, 환경보호운동의 등장, 그리고 미국의 핵무기 전방 배치에 대한 유럽인들의 반대에 기인하는 것으로 사료된다.

제8장 | 군사력*

1. 서론

정치학에서는 오랜 기간 동안 진보주의(좌파)-보수주의(우파) 차원으로 구성되는 국가의 정치적 분위기, 국가정책 감성지표 또는 시민들의 집합적 정책 선호 등과 같은 것이 존재한다고 생각되어져 왔다(예를 들어, Achen 1975; Nie, Verba, and Petrocik 1976; Jacoby 1995).[1] 비록 이에 대한 많은 추론들이 있었지만 경험적으로 이 개념

---

* 본 장은 김희민과 현재 플로리다 주립대학교 정치학과 박사학위과정에 재학 중인 글렌 엘리스(Glynn Ellies)가 함께 공저한 논문 "Power effects on national policy moods: A comparative analysis of military capabilities in Western democracies"를 번역한 것이다.

1) 이 장에서 국가의 정치적 분위기, 국가정책적 감성지표, 정책적 분위기, 시민들의 집합적 정책 선호, 그리고 투표자 이데올로기와 같은 단어는 같은 맥락에서 사용되어지고 있다.

을 측정할 수 있는 방식이 존재하지 않았기 때문에 최근에 이르러서야 학자들이 체계적으로 정책적 감성지표나 집합적 정책 선호의 변화 원인을 살펴보기 시작하였다(Stimson 1991; Durr 1993; Kim and Fording 2001c; Stevenson 2001).

정책적 분위기를 변화시키는 요인에 대한 기존 설명들은 대부분 경제적 상황에 주목하였다. 더(Durr 1993)는 미국 내 여론에 대한 분석을 통하여 경제와 좌-우 이데올로기 간에 직접적인 관계가 존재한다는 점을 밝힌 바 있다. 경제가 나빠질 것으로 예상될 때 투표자들은 좀더 보수적으로 변할 가능성이 있기 때문에 팽창주의적 좌파 정책들에 대한 지지는 줄어들 가능성이 높다. 그 이유는 경기 침체시 투표자들은 자신들의 경제적 안녕에 더 많은 관심을 가지기 때문이다. 그러나 경제가 좋아질 것이라고 기대되는 경우 활용 가능한 자원의 상대적 증가와 호황에 동반하는 심리적 관대함 덕분에 투표자들은 좀더 진보적으로 변한다.

서구의 14개 민주국가에 대한 분석에서 스티븐슨(Stevenson 2001)은 경제가 팽창하면 집합적인 정책 선호는 좌측으로 이동하지만 경제가 수축하면 집합적인 정책 선호는 우측으로 이동한다는 점을 발견하였다. 이 문제와 관련하여 필자는 앞 장에서 투표자 이데올로기가 경제적 상황, 특히 인플레이션의 수준에 많은 영향을 받는다는 증거를 찾아내었다. 그리고 더 나아가 투표자 이데올로기에 대해 인플레이션이 어떤 영향을 미칠지는 현 정부의 이데올로기에 따라 달라진다는 점을 밝혀내기도 하였다.

이 장에서 필자는 서구 민주국가 시민들의 정책적 분위기에 영향을 미치는 국내 경제적 요인 이상의 것을 분석하고자 한다. 특히 필자는 이 장에서 서구 민주국가들의 군사력과 시민들의 이데올로기가 어떠한 관계를 형성하고 있는지를 분석해보고자 한다.[2] 구체적으로 필자는 이 장에서 서구 민주국가들에서 정책적 분위기가 변하는 원인에 대한 몇 가지 가설들을 제시하고 있다. 그리고 분석에 사용된 각각의 변수들에 대한 측정과 통계분석 방법에 대하여 논의를 한 후 이데올로기 변화에 대한 합동 시계열분석(*pooled time-series analysis*)의 결과를 제시하고 있다. 마지막 부분에서는 연구결과를 요약하고 국제관계 분야에서 논의되고 있는 '총과 버터(*Guns and Butter*)'라는 은유와 본 연구결과 사이의 잠재적 연계성에 대하여 논의하고 있다.

2. 이론적 예측

1) 국내적 요인들

앞서 언급하였던 것처럼 더(Durr 1993)는 경제와 좌-우 이데올로기 사이에는 직접적인 관계가 있다고 밝힌 바 있다. 경제적 불황에 대한 예상은 투표자들을 좀더 보수적이 되게 만들고, 팽창주의적 좌파 정책에 대한 지지를 감소시킨다. 그리고 경제적 호황에 대한 기대는 투표자들을 좀더 진보적이고 관대하게 만든다. 스티븐슨(Stevenson 2001)의 연구는 경제가 팽창하면 집합적 정책 선호가 좌측으로 이동하지만 경제가 수축하면 그러한 정책 선호는 우측으로 이동한다는 점을 밝히고 있다. 또한 필자(Kim and Fording 2001)도 국가정책

---

2) 필자의 연구는 국민들의 정책 선호의 변화를 가져오는 요인들로 국내 경제적 요인 이외의 것들을 살펴보았다는 점에서 기존 연구와 차별성을 갖는다. 필자는 냉전기간 동안 미국과 소련 사이의 긴장 정도뿐만 아니라 인접국가들 사이의 이데올로기의 확산이 서구 민주국가들의 투표자 이데올로기에 영향을 미쳤다는 증거를 제시한 바 있다(Kim and Fording 2001c, 61-63).

적 분위기가 그 국가가 직면한 경제상황—특히 인플레이션 수준—에 많은 영향을 받으며, 현 정부의 이데올로기는 인플레이션이 지니는 효과가 어떤 방향으로 나타날지에 대하여 영향을 미친다고 결론지었다.

앞의 연구결과에 의거할 때 우리는 1960년대에서 1970년대 초까지 서구가 경험하였던 진보주의의 시기는 여러 긍정적인 경제적 조건이 종합되어 나타난 결과라 생각할 수 있다. 마찬가지로 경제적 불황으로 인하여 1970년대에 투표자 이데올로기가 우측으로 이동하는 현상이 나타나기 시작되었다고 추측해볼 수 있다. 지금까지 축적된 지식을 토대로 본 장에서 필자는 경기 팽창은 국가정책적 분위기를 좌측으로, 그리고 경기 하락은 국가정책적 분위기를 우측으로 이동시킨다는 가설을 제시하고자 한다. 뿐만 아니라 필자는 한 걸음 더 나아가서 이러한 관계가 현 정부의 이데올로기, 그리고 투표자가 그 전까지 지니고 있었던 이데올로기에 의하여 조건지어진다는 가설을 제시하고자 한다.

2) 군사적/국제적 요인들

카(Carr 1939)는 '복지국가'란 이미 군사력과 경제 수준의 측면에서 우위를 차지하고 있는 국가라고 주장하였다. 이러한 국가들은 더 이상 힘의 증대를 추구할 필요성을 느끼지 않는데, 이러한 이유로 이들 국가들은 복지 부문에 더 많은 투자를 할 가능성이 높다. 반면 카는 군사력 증강에 주된 노력을 경주하는 국가는 자신이 충분한 힘을 갖고 있지 못하다고 여기기 때문에 그러한 노력을 전개한다고 생각한다. 카는 양차 세계대전 사이에 대영제국의 경험이 사회보장 정책을 유지하기 위해서는 어째서 군사력이 확보되어야 하는지를 보여주는 전형적인 예로 간주하고 있다.[3)]

영국은 세계 패권국이었을 때나 심지어 쇠락하고 있는 상황에서도 자신이 지니고 있는 군사력에 만족하고 있었다. 따라서 영국은 공격적인 복지정책을 추구할 수 있었다. 그러나 1935년 이후 영국은 자신의 힘이 도전을 받고 있으며, 국방력이 이제 불충분하다고 깨닫기 시작하였다. 자신이 더 이상 충분한 힘을 갖고 있지 못하다는 것이 밝혀짐에 따라 영국은 사회보장 프로그램에 대한 지출을 줄이고, 군사력을 재건시키기 위한 노력을 할 수밖에 없었다. 이러한 변화를 추진해나가는 과정에서 영국 정부는 야당과 국민 다수의 지지를 획득하였다. 여기서 우리가 얻을 수 있는 교훈은 국방력이 충분하지 못하고, 주요 국내 정치세력이 이에 동감하고 있을 때 복지정책의 '산출'은 심각한 영향을 받게 된다는 점이다.

문과 딕슨(Moon and Dixon 1985)은 정치과정이 기초 생필품의 공급에 어떻게 영향을 미치는가를 분석하는 연구에서 이 점을 재차 강조한 바 있다. 그들은 국가의 힘이 더 강해질수록(물론 이들 국가가 민주국가이어야 한다는 단서가 붙기는 하지만) 이들 국가의 정부는 더 진보적인 성향을 보일 것이고, 따라서 사회보장 프로그램이 더 강화될 것이라고 결론을 내렸다.

국민들이 사회보장 정책보다 국방 정책을 더 선호한다는 점을 얼마나 명확하게 인식하고 있는가를 다루고 있는 연구는 거의 없다. 그러면 국민들의 이와 같은 선호는 국가의 군사력이 사회 부문의 지출에 대한 지지를 이끌어내며, 따라서 국민의 이데올로기에도 영향을 미친다는 점을 의미하는가? 만약 그렇다면 어느 정도까지 그러한가? 더 높은 국가방위 능력이 일반국민들을 더 군국주의적으로 만드는가 아니면 보다 많은 사람들과 정부기관들로 하여금 사회복지 프로그램

3) 본 연구에서 사회복지 프로그램, 사회보장 프로그램, 수혜 프로그램, 자선 프로그램은 모두 같은 뜻을 지닌 것으로 간주하였다.

을 지지하도록 만드는가?

필자는 국가가 더 높은 수준의 군사력을 보유할수록 국방에 대한 강조는 더 줄어든다고 생각한다. 더 강력한 국가는 국제문제에 대한 잠재적 대응에 있어서도 더 많은 유연성을 보일 수 있으며, 따라서 사회 부분의 지출과 같은 다른 분야에 보다 많은 자원을 투입할 수 있다. 여기서 제시된 근거에 의거하여 필자는 안보/유연성이 증가할수록 재분배 정책을 추구/확장시킬 것을 강조하는 진보주의 쪽으로 이데올로기가 변할 것이라고 생각한다. 또는 더(Durr 1993)의 논리를 빌려 말하자면 "좋은(*good*, 즉 큰)" 힘에 대한 기대는 사회복지 지출의 증가와 더 큰 규모의 진보주의를 가져온다고 할 수 있다. 반면 "나쁜(*bad*, 즉 불충분한)" 힘에 대한 기대는 군사 지출의 증가와 더 많은 보수주의를 불러일으킨다.

이 연구에서 이데올로기와 군사력 간의 관계를 말할 때 방점은 힘(*power*)에 놓여 있는 것이지 지출(*expenditures*)에 놓여 있는 것은 아니다. 이 둘은 서로 똑같은 것이거나 적어도 일반적으로 상호 호환적이지 않은가라는 질문이 가능하다. 그러나 종종 그렇게 생각될지라도, 혹은 적어도 그와 얼추 비슷하게 생각될지라도, 이것은 사실이 아니라고 할 수 있다. 특정 연도에 한 국가가 국방비로 지출한 액수는 그 국가가 그 해에 보유하고 있는 정확한 국방력의 현황을 보여주지 않는다.

여기에는 몇 가지 이유가 있다. 첫째. 군비 지출은 매년 급격하게 변할 수 있지만 국방능력은 그렇지 못하다(파괴적인 전쟁의 결과를 제외하고).[4] 대부분의 방어체계는 실제로 사용되기 위해서는 오랜 시간이 소요된다. 미국 육군의 주 무기인 아파치 헬기를 보자. 아파치 헬기의 설계와 디자인은 1970년대 초에 시작되었지만 1988년에 이르

4) 본 연구에서 군사력과 국방능력은 같은 뜻으로 사용되어지고 있다.

러서야 한 육군 전투부대에 제1호 아파치 헬기가 인도되어졌다. 모든 아파치 헬기가 현역 부대에 인도되고, 이 기종의 운용훈련이 이루어지는 데까지는 추가로 5년이 더 걸렸다. 즉 하나의 중요한 무기체계가 개발되고 한 국가의 방위능력체제 안에 통합되는 시간은 20년이 넘게 걸린다고 할 수 있다.

다음으로 군사력을 뒷받침할 수 있는 자원에 대한 고려가 있을 수 있다. 한 국가의 군대가 자주 국방의 능력을 갖추기 위해서는 상당히 발전된 산업능력을 보유해야 한다. 그렇지 않은 경우, 위기에 직면하였던 몇몇 국가들에서 발생하였듯이, 자원을 제공하던 국가들이 중립을 지키거나 적국의 편을 들 수 있기 때문에 선택의 제약을 받을 수 있다. 비록 국가가 산업화되고 상대적으로 자급자족을 할 수 있다 하더라도, 언제든지 가동될 수 있는 군수물자 생산라인이 존재하지 않는다면, 위기에 직면하여 군수물자를 대량으로 만들기 위해서는 많은 시간이 소요될 수밖에 없다는 점 또한 지적할 수 있다.

자원의 고려에 대한 또 다른 측면은 바로 인적 요소이다. 군대를 정예화하기 위해서는 군 복무가 가능한 충분히 많은 수의 시민이 있어야 한다. 그러나 군 복무가 가능한 시민들이 많이 있다 하더라도 이들을 군인답게 만드는 일은 하룻밤 사이에 이루어지지 않는다. 일단 최소한의 국가 정규교육이 이루어져야 하고, 그 다음 징집 · 모병이 이루어져 훈련을 받고 부대에 배치되어야 한다. 이런 모든 것들이 이루어지지 않는 한 군사력의 강화란 요원한 일이라 할 수 있다.

마지막으로 매우 중요한 지출에 대한 논의를 해보도록 하자. 재정적 뒷받침이 없으면 아무 것도 이루어질 수 없다. 그러나 다른 모든 자원들처럼 국가의 지출을 늘린다고 해서 그 즉시 군사력의 증강으로 이어지지는 않는다. 아파치 헬기의 개발이 시작되고 나서 매년 개발을 담당한 측에 개발비를 지불하여 왔는데, 하나의 아파치 헬기 전투비행단을 만드는 데만 무려 20년이 넘게 걸렸다. 국방예산의 일부는 임박한 작전과 개발된 무기의 획득과 통합배치, 그리고 훈련 등을 위하여 쓰일 수 있으나 나머지 예산은 미래를 대비한 노력에 투자되어야만 하는 것이다.

정리하면 특정 시점에서 한 국가가 지니는 군사력은 국가정책의 입안과 자원공급 등 수십 년에 걸친 노고의 결과물이라 할 수 있다. 군인들이 말하는 것처럼 전쟁은 '현재 지니고 있는 실력대로(*come as you are*)' 맞부딪치는 일이다. 즉 현재의 재력과 산업능력은 미래의 특정 시점에 도달하기 이전까지는 실질적인 전쟁 수행능력에 반영되지 않는다는 것이다. 현재의 국방능력은 현 시점에서(*real-time*)의 군사력이지만 현재의 지출은 미래의 군사력에 연계되어 있다.

군사력은 절대적인 기준만으로 평가될 수 없다. 국제체제 내의 다른 국가들의 힘과 비교하여 상대적 군사력을 파악하는 것이 중요하다. 그리고 보유한 힘의 양과 힘의 행사가 지니는 효용(이익 대 비용)에 영향을 미치는 다른 요인들이 있다. 국력을 고려할 때 우선되어야 할 것은 동맹의 구성(*alliance portfolio*)이다. 동맹은 공격받았을 때 국가 간에 상호 방위를 위하여 맺는 공식적인 합의(상호방위조약)이다. 또한 서로 간에 전쟁을 선포하지 않는다는 약속(상호불가침조약)이며, 동맹국이 제3자로부터 공격받았을 때 다른 동맹국과 방어에 대한 문제를 협의하겠다는 맹세(상호협약)이다(Singer and Small 1968; Russett 1971; Bueno de Mesquita 1981).

모로우(Morrow 1994)는 동맹이란 동맹국 간 의무 이행에 대한 신뢰를 높여주는 약속이라고 간략하게 묘사하였다. 전시나 위기상황에서 지원을 하겠다는 이러한 약속은 통상 매우 구체적인 조건을 달고 있다. 가령 동맹을 맺은 국가가 앞으로 공격을 받게 되는 경우라든지 혹은 특정 국가로부터 예정된 공격이 있을 때(Leeds et al. 2002) 지원을 하겠다는 등의 조건이다. 동맹의 조건에 부합하는 상황이 발생할 때 국가들은 그들의 의무를 대부분 이행하고 있는 것으로 나타났다.

리즈와 그의 공동연구자들(Leeds et al. 2000)은 그 비율이 74.5%에 이른다고 밝힌 바 있다. 동맹은 안보를 확보하기 위하여 자치를 포기한다는 측면에서 안보와 자치 사이의 맞교환(*trade-offs*)을 하는 것이라 할 수 있다(Morrow 1991; Siverson and Starr 1994).

동맹은 동맹국가가 공격을 받았을 때 어쩔 수 없이 개입을 해야만 한다는 측면에서 국가의 자치능력을 감소시키는 것이며, 또한 동맹의 의무를 이행하지 않았을 때의 비용을 증가시키는 것이다. 이 비용은 국제사회에서의 명성이나 지위의 문제가 될 수 있고, 정부가 감내해야 하는 국내적 비난여론일 수도 있다. 한편 동맹의 긍정적 측면은 다음과 같다. 잠재적 침략자가 보기에 동맹을 맺은 국가는 동맹국가들의 군사력을 자신의 군사력에 더할 수 있으므로 군사적으로 더 강하게 느껴지며, 따라서 매력적인 침략대상으로 생각하기 힘들게 만들 수 있다는 것이다.

동맹 자체가 공격이 있을 경우 자동적인 원조를 보장하지는 않는다. 그러나 그럴 가능성을 상당히 높인다고 할 수 있다. 따라서 국가의 힘을 가늠할 때 그 국가가 맺고 있는 동맹의 구조에 대하여 반드시 고려해야 한다. 동맹은 동맹국들의 방위능력을 향상시키기 위하여 만들어지기 때문에 동맹 구성국의 증가는 동맹을 맺은 국가의 상대적 군사력을 증강시킬 것이다. 만약 군사력의 증강이 투표자 이데올로기를 좌측으로 이동시킨다는 필자의 가설이 옳다면 동맹국의 증가도 이와 같은 효과를 나타낼 것이다.

군사력에 관한 필자의 이론과 대조를 이루는 것은 복지정책이 국가의 군사 우선 정책의 결과로 손해를 입고 있으며, 복지정책과 국방정책은 자원과 대중의 지지를 얻기 위하여 서로 경쟁하고 있다는 일반에게 널리 알려진 인식이다. 그리고 이러한 인식은 많은 연구에 의해 재차 강화된 바 있다(Wilensky 1975; Peroff and Podolak-Warren 1979). 이러한 관점은 선거운동을 하는 데 있어서 격렬한 논쟁을 유발시켜 때론 정치적 선동가의 출현으로 이어지기도 한다. 미국에서는 베트남전쟁 기간과 1980년대 말에 이러한 일들이 특히 심하게 일어났다. 하지만 두 정책 사이의 경쟁에 대한 직접적 증거를 찾으려는 많은 연구들은 대부분 실패하였다(Russett 1982; Domke et al. 1983; Mintz 1989).[5] 이에 필자는 본 장에서 군사력과 사회보장 프로그램 사이에 직접적이고 상반된 관계가 존재하는지를 알아보고자 한다.

필자는 지금까지 여섯 개의 서로 다른 명제에 연계된 이론적 개념을 논하였다. 이에 기반하여 필자는 다음의 여섯 가지 가설을 제시하고, 이를 경험적으로 검증하고자 한다.

〈가설 1〉 상승하고(쇠락하고) 있는 국가경제는 정책적 분위기를 좌측(우측)으로 이동시킨다.

〈가설 2〉 〈가설 1〉에서의 관계는 집권정부의 이데올로기에 의해 조건이 지어진다.

〈가설 3〉 한 국가에서 선거기간에 형성된 정책적 분위기는 이전 기간의 정책적 분위기로부터 영향을 받는다.

〈가설 4〉 한 국가의 군사력 증강(감소)은 정책적 분위기를 좌측(우측)으로 이동시키는 원인이 된다.

〈가설 5〉 동맹의 힘의 증가(감소)는 국가의 정책적 분위기를 좌측(우측)으로 이동시키는 결과를 가져올 것이다.

〈가설 6〉 군사와 사회복지 프로그램은 대중의 지지를 얻기 위하여 서로 경쟁할 것이다.

---

5) 민츠와 윌다브스키(Mintz and Wildavski 1988)는 레이건 통치하의 미국에서 둘 사이에 맞교환이 발생하고 있음을 찾아내었다. 그러나 이러한 현상은 한시적으로 발생한 것이며, 더욱이 필자가 지적하고 있는 것처럼 오랜 기간 미국의 전반적인 국방력이 감소하였다는 사실이 그러한 일을 가능하게 한 것이라고 판단된다.

3. 측정, 방법론, 분석

1) 연구의 대상과 시기

필자가 앞에서 주장하였던 바를 확인하기 위해서는 시기별로 개별 국가 안에서 어떤 차이가 나타나는지 또는 국가 간 어떤 차이가 존재하는지를 알아야만 할 것이다. 따라서 본 장에서는 합동 시계열 횡단 분석(*a pooled time-series cross-section design*)이라는 통계분석 방법을 수행하고 있다. 관찰과 분석의 기본단위는 1950년부터 1998년까지의 기간 동안 산업화되고 민주주의 수준이 높은 25개 국가들에서 실시된 선거이다.[6]

2) 방법론

본 장에서 주요 분석은 일반화 최소제곱 분석의 한 형태인 패널가중최소제곱회귀분석(PWLS: *Panel Weighted Least Squares Regression*)을 사용하여 이루어졌다. 국가들은 각기 다른 선거주기를 가지고 있는데, 이러한 것은 국가들이 각기 다른 선거횟수를 갖는 원인이 된다. 예를 들어 연구기간 동안에 포르투갈은 9번의 선거가 실시된 반면 덴마크는 21회의 선거가 실시되었다. 선거횟수상의 이와 같은 차이는 선거횟수가 많은 국가들이 과도하게 대표되어 경험적 분석결과에 영향을 미치는 방향으로 데이터가 구성될 여지가 있다. 패널가

6) 연구대상에 포함된 국가들은 구체적으로 다음과 같다: 스웨덴, 독일, 노르웨이, 오스트리아, 덴마크, 스위스, 핀란드, 영국, 아이슬란드, 아일랜드, 벨기에, 미국, 네덜란드, 캐나다, 룩셈부르크, 호주, 프랑스, 뉴질랜드, 이태리, 일본, 스페인, 터키, 그리스, 이스라엘, 포르투갈.

중최소제곱회귀분석의 사용은 이런 불규칙한 데이터를 보정하기 위한 것이다. 또한 필자는 데이터가 횡단자료와 시계열자료로 구성되어 있다는 점을 고려하여 횡단자료의 이(異)분산성과 시계열 자료의 계열상관을 검증하기 위한 테스트들도 수행하였다.

3) 종속변수

본 연구에서 종속변수는 필자가 개발한 투표자 이데올로기 측정지표(Kim and Fording 1998)를 사용하고 있다. 이 측정지표는 국가와 시간을 가로지르는 이데올로기적 동향을 포착하고 있어서 제2차 세계대전 이후 기간을 통틀어 대부분 서구 민주국가들의 이데올로기를 비교할 수 있게 해준다는 장점이 있다. 따라서 이 측정지표는 비교정치학자들 사이에 자주 사용되어지고 있다(Kim and Fording 2001c; 2003; Budge et al. 2001; Stevenson 2002; Budge and McDonald 2004). 본 연구에서도 국가정책적 분위기의 이동 원인을 분석하기 위하여 이 측정지표를 사용한다. 투표자 이데올로기 측정지표의 범위는 0에서 100까지이다. 0은 정치적 스펙트럼에서 극우를 나타내며, 100은 극좌를 의미한다. 따라서 점수가 증가하는 것은 좌로의 이동을, 점수가 감소하는 것은 우로의 이동을 의미한다.[7]

7) 이 측정지표의 개발과정과 타당성(*validity*) 검사에 대한 세부적인 설명은 Kim and Fording 1998; 2003을 참고.

4) 독립변수

● 국가경제

〈가설 1〉에서 필자는 투표자 이데올로기와 국가의 경제지표, 즉 인플레이션과의 관계를 고찰하였다. 경제상황을 측정하는 데는 또 다른 지표, 즉 국내총생산(GDP)과 실업률이 사용되어진다(Lewis-Beck 1988 참조). 그러나 앞 장에서 언급한 바 있듯이 인플레이션은 경제에 대한 대중의 인식에 가장 강력한 영향을 미치는 것으로 입증되었다(Kim and Fording 2001c). 그러므로 필자는 인플레이션을 변수로 사용하고 있다. 인플레이션은 각 국가에서 소비자물가지수(CPI)의 연간 비율변화로 측정된다.[8] 필자는 이전의 경제성과가 현재의 경제적 상황에 대한 인식에 영향을 미친다는 점을 감안하여 인플레이션의 일 년 격차(t-1)를 독립변수로 사용하였다.

● 정부 이데올로기

〈가설 2〉에서 필자는 경제적 변수들의 효과는 집권정부의 이데올로기에 영향을 받는다고 추론하였다. 이 가설을 검증하기 위하여 필자는 본인이 개발한 정부 이데올로기 측정지표(Kim and Fording 2002)를 사용하고 있다. 정부 이데올로기를 측정할 수 있는 지표를 개발하기 위하여 필자는 정당의 이데올로기를 측정할 수 있는 지표를 개발하는 작업부터 연구를 진행하였다(Kim and Fording 1998). 그 다음엔 제2차 세계대전 이후 시기부터 1998년까지 연구에 포함된 각 국가들의 정당별 내각 구성원수에 대한 자료를 수집하였다.[9] 필자

---

8) 인플레이션 데이터의 주요 출처는 브루스 웨스턴(Bruce Western, 1885년까지)과 안드레 블레이스(Andre Blais, 제2차 세계대전 종전 시점부터 1958년까지)에 의해 만들어진 경제협력개발기구(OECD)의 데이터이다.

는 매년 정당 이데올로기점수의 가중평균을 산출하였는데, 가중치는 총 내각 구성원에서 각 정당이 차지하고 있는 비율로 산출하였다. 따라서 정기적으로 단점정부가 형성되는 국가에서는 정부 이데올로기 점수가 실질적으로 집권정당의 이데올로기 점수와 동일하게 나타난다.

그러나 정당 간 연합에 의하여 정부가 형성되는 경우 이 척도는 정부를 구성하는 각 정당들의 다양한 이데올로기와 권력의 상대적 배분에 대한 정보를 제공한다는 장점을 가진다. 필자의 정당 이데올로기 척도는 0에서 100점 사이의 진보주의 등간척도로 산출되기 때문에 정부 이데올로기 척도 또한 0에서 100점 사이의 상대적 진보주의 척도로 산출된다. 경제변수와 정부 이데올로기 간의 상호작용을 검증하기 위해서 필자는 인플레이션과 정부 이데올로기 변수를 곱하여 연구모델 안에 다음과 같은 새로운 변수를 추가하였다: 인플레이션 ×정부 이데올로기.

〈가설 3〉은 과거의 이데올로기가 현재의 이데올로기에 영향을 미칠 것이라는 인식에 기반하여 정립되었다. 구자라티(Gujarati 2003)는 이처럼 과거로부터 지속되는 관성이 개인과 가족의 소비습관에 영향을 미친다고 주장하였다. 오트리(Oatley 1999)는 이러한 효과가 국제적인 재무 · 통화 정책에도 영향을 미친다는 점을 증명하였으며, 쉐볼스키와 소레스(Prezeworski and Soares 1971)도 투표자들의 과거 투표패턴이 현 시점의 투표결정에 영향을 미친다는 점을 발견하였다. 이런 사실을 논리적으로 확장시켜본다면 외부로부터 대단한 충격이 가해지지 않는 이상 이데올로기가 하룻밤 사이에 급변하지는 않을 것이기 때문에 이전의 이데올로기에 의하여 많은 영향을 받게

9) 이와 관련하여 필자는 월덴도프, 케만, 버지(Worldendorp, Keman, Budge 1993; 1998; 2000)의 내각 구성 데이터를 사용하였다.

된다고 생각할 수 있다. 이러한 내용을 감안하여 필자는 일 년의 격차가 있는 투표자 이데올로기(t-1)를 독립변수로 사용하였다.

〈가설 4〉에서 필자는 국가의 국방력 수준이 국가정책적 분위기, 즉 사회의 이데올로기를 이동시킬 것이라 예측하였다. 국방력은 선거가 실시되는 해의 각 국가(다른 모든 국가들과 비교할 때)의 군사력 총합을 의미한다. 필자는 소수의 시민들만이 그들 국가의 군사력 변화에 대한 최신의 정보를 지니고 있을 것이라는 점을 고려하여 연구모델에서 대다수의 시민들이 군사력의 변화를 감지하는 데 일 년 정도는 소요될 것이라고 가정하였다. 이는 일 년 전의 국방력에 대한 인식이 현재의 이데올로기에 영향을 미침을 나타낸다.

본 연구에서 군사력을 평가하기 위하여 사용한 척도는 전쟁상관성 데이터셋(Jones et al. 1996; Ghosen and Palmer 2003)에서 찾은 군사력 종합지수(CINC: *Combined Index of Capabilities*)이다. 군사력 종합지수는 본 연구의 목적을 달성하기 위하여 현재까지 찾을 수 있는 가장 포괄적인 지수이며, 지난 20년~30년간의 분쟁 관련 저술에서 매우 광범위하게 사용되어져 왔다. 이 점수는 여섯 가지 다른 요소들을 포함한다. 그 중 하나는 아마도 예상하였겠지만 국방비다.

이것은 단지 현재의 운용비뿐만 아니라 이전에 인가되었던 무기의 추가 성능 개량과 획득에 지속적으로 투입될 비용, 그리고 미래에 조달되어야 할 군수품과 기타 장비에 지출되는 비용도 포함한다. 국가의 산업능력을 평가하기 위해서 두 가지의 척도가 사용되는데 하나는 에너지 생산이고, 다른 하나는 철강 생산이다. 이러한 것들이 잠재적으로 국방에 유용한 자원과 생산능력지표를 제공하기는 하지만 현재의 방위수단은 과거의 생산 능력과 지출의 반영이라는 점을 명심해야 한다. 오늘날의 능력과 지출은 미래의 방위수단에 영향을 미치는 것이다. 남은 세 가지 군사력 종합지표 요소는 인력의 양과 질에 관한 것이다. 군인과 국민의 수는 모두 양적 지표를 구성한다. 도시에 살고 있는 사람들의 수는 질적 지표를 구성하고 있는데, 이는 도시화된 국가가 기술적으로 농업국가보다 더 발전되어 있다는 점을 전제로 하고 있다.

〈가설 4〉에서 필자는 국가의 군사력이 증강되면 집합적 투표자 이데올로기의 값이 상승하거나 또는 보다 진보주의 쪽으로 움직일 것이라 예상하였다. 만약 이 가설이 옳다면 이 변수는 통계적으로 유의미하고 양의 부호를 지니고 있어야 한다. 직관적으로 생각해 볼 때 힘이 투표자 이데올로기에 영향을 줄 수도 받을 수도 있는 쌍방향적 인과관계가 존재할 수 있다. 하지만 이전에 논의하였듯이 군사력과 이에 대한 인식은 거의 대부분 이전 시기에 의하여 규정된다. 따라서 현재의 이데올로기는 현재의 능력이 아니라 단지 미래의 능력에 영향을 줄 수 있을 뿐이다.

한 국가의 군사력 수준을 결정짓는 핵심적인 요소로서 자신의 군사력 이외에 군사동맹의 구성도 있다. 〈가설 5〉에서 필자는 동맹의 결성이 동맹국의 군사력을 더 강하게 만듬으로써 군사력과 마찬가지로 이들 국가의 투표자의 이데올로기에 영향을 미쳐 좌측으로 움직이게 할 것이라 예상하였다. 동맹의 형성 여부에 따라 한 국가의 상대적 힘은 실질적으로 증가 또는 감소하기도 하며, 혹은 적어도 그렇게 된다는 인식을 만든다. 이에 필자는 BDM과 랄만(Bueno de Mesquita 1981; Bueno de Mesquita and Lalman 1992)의 동맹척도를 사용하였다. 이 동맹척도의 범위는 +1에서 -1까지이다. +1은 세계체제 리더와 동질적 유형의 동맹을 나타내는데, 구체적으로 같은 국가들이 같은 타입의 동맹을 맺는 것을 의미한다.

반면 -1은 극히 이질적인 유형의, 그리고 전체적으로 서로 다른 동맹 파트너가 동맹을 맺는 경우를 나타낸다. 동맹척도는 두 국가에 의해 형성된 동맹을 비교하는 이원적(*dyadic*) 맥락에서 가장 유용하다. 그러나 본 연구는 단일적(*monadic*) 형태를 사용하기 때문에 이원적 접근방법을 이용할 수 없었다. 그렇다 하더라도 본 연구는 체제의 리더인 미국에 대한 비교를 수행하였고, 이는 동맹국들이 체제의 가장 강력한 국가와 유사할수록 이 국가들의 힘은 증대된다는 점을 밝힐 수 있다는 측면에서 동맹에 대한 평가를 가능하게 하였다.[10]

〈가설 6〉에서 필자는 국방정책과 복지 프로그램이 투표자들의 지지를 놓고 서로 경쟁할 것이라고 예측하였다. 국가의 군사력 증강에 대한 지지는 종종 정치적 우파의 영역으로 간주된다. 반면 사회복지 프로그램을 확대해야 한다고 주장하는 것은 좌파의 영역으로 여겨진다. 둘 중 어느 하나를 지지하는 사람들은 선거운동 기간 동안 후보자나 그의 지지자들이 사용하는 수사적 표현에 나타나는 것처럼 종종 나머지 하나를 반대하고 있는 것처럼 묘사된다. 이러한 두 정책에 대한 지지 사이에 직접적인 역의 관계가 존재하는지를 확인하기 위하여 필자는 복지라는 변수를 연구모델에 포함시켰다. 구체적으로 필자는 복지에 대한 지지의 증가가 정책이 좌측으로 이동하는 것과 일치하는지, 그리고 만약 그렇다면 군사력의 증가는 정책이 우측으로 이동하는 것과 일치하는지 여부를 검증하려고 한다.

복지에 대한 필자의 척도는 버지와 그의 공동연구자들의 정당 매니페스토 데이터(Budge et. al 2001)로부터 구해졌다. 변수는 정당의 매니페스토 또는 선거공약에 포함된 정당의 정책적 입장에 관련된 진술의 수를 계산함으로써 만들어졌다. 이러한 매니페스토는 정당에 의해 만들어진 유일한 정책선호의 진술이며 합법적인 규정에 따라 채택된 것이기 때문에 매우 의미 있는 것이라 할 수 있다(Budge et al. 2001, 94). 매니페스토에서 사회적 이슈와 복지국가 확대를 지지하는 진술이 차지하고 있는 비율은 해당 이슈에 대하여 정당이 가지

10) 동맹에 대한 보다 심도 깊은 토론과 이 척도가 다른 척도와 비교하여 지니는 장점에 대해서는 BDM(Bueno de Mesquita 1981)을 참조.

〈표 8-1〉 투표자 이데올로기에 대한 패널가중최소제곱회귀분석(PWLS) 분석결과

독립변수(모두 $t-1$)	회귀계수	표준오차
투표자 이데올로기	1.0528***	0.0203
정부 이데올로기	-0.04787***	0.0188
인플레이션	-0.08206*	0.0509
인플레이션×정부 이데올로기	0.00141	0.0009
군사력	9.4656*	5.126
동맹	-2.7119*	1.592
복지	-0.06594	0.0439
상수	1.3581	1.043
χ^2	5866.83	
Prob 〉 χ^2	0.000	
N	229	

*: p〈.10; **: p〈.05; ***: p〈.01

고 있는 중요도를 표현하는 것으로 여겨진다. 투표자가 이러한 이슈에 대하여 얼마나 중요하게 생각하고 있는가는 선거에서 정당이 승리하였는지의 여부로 판단할 수 있다. 이 변수는 복지 척도에 한 차례의 선거 격차(*one-election lag*)를 두고 있다. 정당의 매니페스토나 선거공약은 공식적으로 선거 때에만 업데이트되기 때문에 한 차례의 선거 격차는 다른 독립변수에서 사용되는 일 년 격차(*one-year lag*)와 같은 기능을 담당한다고 생각할 수 있다.

앞의 연구디자인에 대한 설명에 따라 필자는 다음과 같은 통계분석 모델을 구성하였다.

$$\text{투표자 이데올로기}_{i,t} = \alpha_i + \beta_1 \times \text{투표자 이데올로기}_{i,t-1} +$$
$$\beta_2 \times \text{정부 이데올로기}_{i,t-1} + \beta_3 \times \text{인플레이션}_{i,t-1} +$$

$$\beta_4 \times (\text{인플레이션}_{i,t-1} \times \text{정부 이데올로기}_{i,t-1}) +$$
$$\beta_5 \times \text{군사력}_{i,t-1} + \beta_6 \times \text{동맹}_{i,t-1} + \beta_7 \times \text{복지}_{i,t-1}$$

4. 연구결과

간략하게 말하자면 본 연구의 목적은 국가의 정책적 분위기와 국가경제(인플레이션), 정부 이데올로기, 이전의 정책적 분위기, 동맹을 포함한 군사력, 그리고 복지 사이에 어떤 관계가 존재하는지를 확인하는 것이다. 다음의 〈표 8-1〉은 패널가중최소제곱회귀분석(PWLS)을 수행하여 도출한 연구결과이다.

인플레이션은 비록 통계적 유의미성 수준은 그리 크지 않았지만 ($p < .10$) 통계적으로 유의미한 영향을 미치는 것으로 나타났다. 회귀계수는 음(-)의 부호를 나타내고 있었는데, 이는 인플레이션이 증가하면 투표자 이데올로기가 우경화되는 특징을 보인다는 것을 의미한다. 비록 이것은 〈가설 1〉이 타당하다는 점을 뒷받침하고 있지만 그 결과가 기대한 만큼 강하지는 않았다. 한편 인플레이션과 정부 이데올로기 간의 상호작용은 통계적으로 무의미하였으며, 따라서 〈가설 2〉는 기각될 수밖에 없었다. 이것은 예상 밖의 결과이며, 기존의 연구결과와도 차이를 보이는 것이다. 왜 이런 현상이 나타났는지는 명확하지 않으나 다음과 같은 가능성을 생각해 볼 수 있다. 대부분의 다른 기존 연구들은 주로 경제문제에 초점을 맞추었고, 따라서 군사력이나 동맹과 같은 요소들을 연구모델에 포함시키지 않았었다. 연구를 수행하는 동안 필자는 군사적 변수들을 연구모델에서 생략하고, 경제변수들을 다양하게 조합하여 여러 종류의 통계모델을 분석해 보았다. 이 경우 인플레이션과 정부 이데올로기 간의 상호작용 변

수는 일관되게 통계적 유의미성을 보여주었다.

이러한 연구결과는 군사변수가 경제변수에 대하여 아직 알려지지 않은 어떠한 영향력을 미치고 있는 것은 아닌지 하는 의구심을 자아내게 한다. 이것은 인플레이션 변수의 통계적 유의미성 수준이 그리 높지 않은 원인이 될 수도 있다고 생각한다. 왜냐하면 군사적 변수들을 생략하고 경제변수들 위주로 연구모델을 구성하였을 때 인플레이션 변수의 통계적 유의미성 수준은 항상 높게 나타났기 때문이다. 이러한 현상을 보다 잘 이해하기 위해서 추가적 연구가 필요하다고 판단된다.

이전 기간의 투표자 이데올로기는 통계적으로 유의미하며, 양(+)의 부호를 지니는 것으로 나타났다. 이것은 선거 때 국가정책적 분위기는 이전의 국가정책적 분위기에 의해 영향을 받는다는 〈가설 3〉과 일치하는 연구결과이다. 〈가설 1〉과 〈가설 3〉의 검증 결과는 이전의 다양한 연구들에서 도출된 결과들, 특히 그 중에서도 필자(Kim and Fording 2001c)와 스티븐슨(Stevenson 2001), 그리고 더(Durr 1993)의 연구결과가 타당하다는 점을 보여주고 있다.

군사력 변수는 이 연구에 있어서 가장 중요한 독립변수라고 간주할 수 있다. 연구결과, 군사력과 국가정책적 분위기 간에는 통계적으로 유의미한 관계가 성립되어 있다는 점이 입증되었다. 군사력 변수는 양(+)의 부호를 지니고 있다. 이것은 군사력의 증대가 투표자 이데올로기를 좌측으로 이동시키고, 군사력의 감소는 투표자의 이데올로기를 우측으로 이동시킨다는 점을 의미한다. 이것은 〈가설 4〉에서 예측한 것과 일치한다. 즉 군사적으로 보다 강력한 국가가 약한 국가와 비교하여 사회복지 프로그램을 더 제공할 것이며, 군사력이 강해질수록 사회복지 프로그램도 더 강화될 것이라는 필자의 이론을 지지하는 연구결과이다.

동맹 변수는 통계적으로 유의미하였다. 그러나 회귀계수의 부호가

음(-)으로 나타났다. 이것은 동맹이 강화될 때 국가정책적 분위기가 우측으로 이동한다는 것을 의미하는 것으로 필자의 예상과는 반대되는 연구결과이다. 이러한 국가정책적 분위기의 방향 이동은 〈가설 5〉와 모순된다. 동맹변수는 체제의 리더(군사적으로 가장 강력한 국가)와 얼마나 가까운지로 측정되어 있다. 앞서 군사력 증대가 투표자 이데올로기를 좌측으로 이동시킨다는 점을 확인하였다. 그러므로 체제 리더와 동맹국 간의 유사성 증가가 해당 국가를 더 강대하게 하고, 이는 곧 국가정책적 분위기를 좌측으로 더 이동시킬 것이라는 논리적 추론이 가능하였다. 그러나 이 연구의 결과는 이러한 추론이 틀렸음을 밝히고 있다. 이 연구결과가 지니고 있는 함의가 무엇인지는 명확하지 않으나 이에 대해서는 "결론과 함의" 부분에서 보다 자세히 논의하도록 할 것이다.

〈가설 6〉은 사회복지 프로그램이 국방정책과 서로 경쟁할 것이라고 예측하였다. 그러나 복지 변수는 통계적으로 유의미하지 않은 것으로 나타났다. 필자는 사회복지 프로그램이 국가정책적 분위기에 주목할 만한 정도의 영향을 미치는지 확인할 수 없었다. 이 연구결과를 군사력이 국가정책적 분위기를 좌측으로 이동시킨다는 〈가설 4〉의 검증 결과와 함께 생각해보면 국방정책과 사회복지 프로그램이 직접적인 경쟁관계에 놓여있지는 않다는 점을 알 수 있다. 둘 사이에 어떤 관계가 존재한다고 하면 그것은 국방정책이 사회복지 프로그램에 대하여 보완적 역할을 하는 것이라 할 수 있을 것이다.

5. 결론과 함의

이 장에서 필자는 군사력과 좌파 이데올로기 사이에 양적인 관계가 존재한다는 새로운 이론을 제시하였다. 필자는 군사력과 사회보장 정책에 대한 지지가 서로 상반되는 성격의 것만은 아니며, 대체로 산업화된 민주국가의 방위력이 만족스럽지 못하다고 인식될 때에 한하여 서로 대립하게 된다고 주장하였다. 그리고 패널가중최소제곱회귀분석의 결과는 군사력이 증가하면 투표자 이데올로기가 좌측으로 이동하고 있음을 보여주었다.

반면 필자는 정부와 국민 모두가 국방력이 자신의 국가를 보호하기에 충분하지 않다고 명백하게 공감하는 일시적인 상황을 제외하고는 국방정책과 사회보장 프로그램이 서로 경쟁하고 있다는 어떤 증거도 발견하지 못하였다. 국방정책의 증가가 사회보장 프로그램의 증가로 이어지는 이와 같은 연구결과를 놓고 볼 때 군사력은 사회보장 프로그램의 일종의 동반자라고 할 수 있을 것이다.

필자는 동맹구조가 투표자 이데올로기에 영향을 미친다는 점을 발견하였다. 하지만 이 영향이 정확하게 무엇을 의미하고 있는지에 대해서는 명확하게 설명하기 어려운 측면이 존재한다. 왜냐하면 연구결과 둘 사이의 관계는 필자가 예측한 것과 정반대의 관계를 형성하고 있는 것으로 나타났기 때문이다. 연구결과가 이렇게 나온 데에는 동맹을 측정하는 방식이 지니는 적절성(혹은 비적절성)과 관련된 문제가 제기될 수 있다. 본 연구에서 동맹국가들은 체제의 리더, 즉 미국과 비교되었다. 상대적으로 보았을 때 미국은 분석에 포함된 다른 나라들과 비교하여 매우 보수적인 국가이다(Kim and Fording 1998). 미국과 보다 굳건한 동맹을 맺고 있는 국가들은 그들이 미국과 더 많은 이해관계를 공유하고 있거나 비슷한 보수주의적 성향을 지니고 있기 때문이라고 사료된다. 만약 이것이 사실이라면 필자의 연구모델은 동맹의 강도가 아니라 정부의 보수성이 지니는 영향력을 분석하고 있는 셈이 된다. 즉 적절한 분석을 수행하기 위해서는 보다 타당한 측정방식이 요구된다고 할 수 있다. 왜냐하면 앞에서도 이미 언급하였지만 동맹은 본 연구에서처럼 단일적인 형태가 아니라 이원적 맥락에서 평가되기 때문이다.

군사적 능력이 정책적 분위기를 좌측으로 이동시키는 데 영향을 미치고 있으나(〈가설 4〉) 사회보장 프로그램은 그러한 이동에 아무런 영향을 미치지 못하고 있다(〈가설 6〉)는 이 연구의 발견은 민주주의적 이데올로기에 대한 연구의 지식기반을 넓혔다는 데 의의가 있다. 한편 경제적 영향은 집권정부의 이데올로기에 제한을 받을 수 있다는 점(〈가설 2〉)을 검증하지 못하였다는 사실과 보다 굳건한 동맹이 국가정책적 분위기를 우파쪽으로 이동시키고 있다(〈가설 5〉)는 의외의 발견은 필자가 답을 제시한 것만큼 새로운 의문점도 생겨난 것이라고 생각된다. 이러한 문제에 대한 보다 나은 이해를 위하여 추가적 연구가 필요할 것으로 판단된다.

◆ ◆ ◆

비록 필자가 의도한 것은 아니지만 본 연구의 결과는 국제관계에 있어서 '총 대 버터(Guns vs. Butter)'의 논쟁에 대하여 몇 가지 함의를 지니고 있다고 할 수 있다. 정치학에서 총과 버터는 각각 국방정책과 사회보장 프로그램을 의미하며, 이데올로기는 이러한 정책에 자원을 어떻게 배분할 것인지에 영향을 미치는 것으로 간주된다. 총과 버터를 동시에 가질 수 없다는 것은 너무나 자명한 사실로 널리 받아들여지고 있는 상황이다. 많은 사람들은 정부가 다른 한쪽을 버림으로써 나머지 하나를 얻을 수밖에 없다고 생각한다. 그러나 자명한 사실로 받아들여지는 것이 언제나 진실인 것은 아니다.

총이냐 버터냐를 둘러싼 갈등은 선거에서 언제나 반복되어지는 문제이다. 이러한 갈등은 특히 1970년대 초반과 1980년대 중반에 미국 대통령선거에서 두드러지게 나타났으며, 복지국가에 대한 윌렌스키(Wilensky 1975)의 연구나 공공복지 재정에 대한 포도락과 워렌(Podolak and Warren 1979)의 연구 등에서도 나타난 바 있다.[11)]

이와는 다른 성격의 경험적 연구는 국방정책과 사회보장 프로그램 간에 맞교환(*trade-offs*)은 존재하지 않는다는 점을 밝힌 바 있다. 러셋(Russet 1982)은 미국에서 국방비와 연방의료비용, 교육비용 사이에 체계적인 맞교환이 일어나고 있는지 조사하였다. 그는 그러한 교환이 발생하지 않았다는 점을 발견하였다. 뿐만 아니라 그는 보다 우파에 가깝고 사회적 분배에도 매우 인색할 것이라 생각되는 보수적(공화당) 행정부가 집권하더라도 의료비용과 교육비용이 줄어들지는 않았다는 점을 확인하였다. 돔키와 그의 공동연구자들(Domke et al. 1983)은 네 개의 주요 북대서양조약기구(NATO) 동맹국가들(미국, 영국, 서독, 프랑스)에서 국방정책과 일반적인 사회보장 프로그램 사이에 유사한 갈등이 일어나고 있는지 조사하였다. 이들은 "한쪽을 희생해서 다른 쪽의 지출항목을 증가시킬 가능성이 높은" 지출비용의 단기적 변화를 조사해보았다. 그러나 이들은 장기적으로는 지출의 배분에 차이가 나타남을 확인할 수 있지만 맞교환에 대한 어떠한 패턴도 발견하지 못하였다고 결론지었다(Domke et al. 1983, 19). 그러면서 이들은 국방비와 사회보장 비용을 결정짓는 요인들이 상호간에 배타적인 성격을 지닌 것은 아니라고 자신들의 연구결과를 한마디로 요약하였다.

---

11) '총 대 버터' 의 논쟁은 주로 국방비와 사회보장 비용을 중심으로 전개되는 데 반하여 필자의 연구는 군사력에 그 초점을 맞추고 있다. 따라서 필자의 연구결과가 그 논쟁에 단지 간접적으로 연계되어 있다는 점을 인정하는 바이다.

러셋, 그리고 돔키와 그의 공동연구자들의 연구는 모두 1970년대 말까지를 분석시기로 잡고 있었다. 한편 민츠(Mintz 1989)는 분석시기를 1980년대까지 연장시켜 경험적 분석을 수행하였다. 민츠는 1970년대까지는 두 정책 간에 맞교환이 발생하지 않았다는 이전 두 연구의 결과에 동의하였으나 레이건 행정부에서는 매우 독특한 맞교환이 발생하였다는 점을 밝혀내었다. 구체적으로 그는 국방 관련 연구개발비의 증가와 교육투자의 감소 사이에 상관관계가 있음을 발견하였다. 윌다브스키(Wildavski 1988)도 이와 비슷한 결론에 도달한 바 있다.

민츠는 어째서 이러한 예외적 상황이 발생하였는지에 대하여 연구하지는 않았지만 다른 연구자들에 의해서 두 가지 가능성이 제시되었다. 첫 번째는 결과적으로 미래를 정확히 예측한 클레이톤(Clayton 1976)의 연구에 의해 제시되었다. 클레이톤은 그가 분석한 시기(1970년대 중반)에는 그 이전에 수 년에 걸쳐 국방비가 감소해 왔기 때문에 국방비를 확대할 수 있는 충분한 여지가 있었다고 주장하였다. 그러나 그는 국가가 20년에 걸쳐 지속적으로 확장되어 온 사회보장 지출비율을 유지하기 위한 유일한 방법은 세금을 올리거나 국가부채를 늘리는 방법밖에 없다고 믿었다. 따라서 그는 일반국민들이 사회보장 비용을 줄여나가는 데에 기꺼이 동의할 것이라고 주장하였던 것이다.

두 번째 가능성은 카(Carr)까지 거슬러 올라간다. 그는 1930년대 대영제국의 예를 통하여 국가가 자신이 필요하다고 생각하는 권력을 더 이상 행사하지 못한다고 믿을 경우, 그러한 문제를 해결할 때까지 사회보장 정책을 축소시킨다는 점을 보여주었다. 레이건은 미국의 힘과 국제적 위상이 너무 낮아졌다고 선언하며 1980년에 대통령으로 당선되었다. 그는 대통령이 되자마자 국방정책을 확대시키면서 사회보장 비용의 확대에 제동을 걸었다. 그의 전체 재임기간 동안 민주당

이 하원을 장악하고 있었고, 재임의 절반 동안 상원도 민주당이 장악하고 있었다. 그럼에도 불구하고 그의 정책이 의회를 통과한 것을 보면 야당과 국민 모두가 그를 지지하였다는 점은 명백하다. 그는 재선에 임하여 49개 주의 지지를 획득한 바 있다. 야당의 지지와 레이건의 인기는 국방력이 너무 낮은 수준으로 떨어졌기 때문에 이를 상쇄하기 위하여 사회보장 프로그램을 축소시켜야 한다는 미국인들의 전반적인 의지를 입증하는 것이라 하겠다.

총과 버터는 서로 상충적인 것이라는 오래된 믿음에도 불구하고 필자는 국가가 이 두 가지 모두를 가질 수 있다고 믿는다. 그러나 필자는 또한 국가는 버터를 취하기 이전에 반드시 총을 선취해야 한다고 생각한다. 필자는 민주주의 정부와 시민들(투표자)도 이 사실을 인정하고 받아들이고 있다고 생각하며, 바로 그렇기 때문에 필자는 그들이 충분한 국방력을 확보하였다고 판단한 이후에야 사회보장 정책에 대한 지지로 선회할 것이라고 주장하는 바이다.

제4부

이데올로기와 민주주의

- 제9장
 선거 사이 투표자의 이데올로기와 민주주의

제9장 | 선거 사이 투표자의 이데올로기와 민주주의

1. 서론

지난 수년 동안 학자들은 민주주의가 정치체제에서 얼마나 잘 기능하는지를 평가하기 위하여 다양한 기준들을 사용해 왔다. 이 기준들에는 민주주의의 기본적인 조건(정치적 권리, 시민적 권리, 법의 지배); 국민들의 투표와 의회 및 정부 수준에서의 대표기능; 유권자들의 선호와 정부 정책 간의 조응성; 일반적인 복지정책; 그리고 각 국가별 민주주의 운용에 대한 국민들의 인식과 만족 등이 포함된다(Powell 2005).

위에서 제시한 기준들 중 아마 가장 연구가 안 된 분야는 민주주의 수행력과 관련하여 국민들의 선호가 어느 정도 정부의 행위로 전환되느냐 하는 문제이다(Powell 2000). 〈그림 9-1〉은 민주국가에서 어떻게 투표자의 선호가 정부의 정책으로 전환되는지 그 과정을 간단한 모델로 제시한 것이다. 일단 이러한 과정은 선거 당일 투표자가

〈그림 9-1〉 민주국가에서의 국민 선호 결집과정

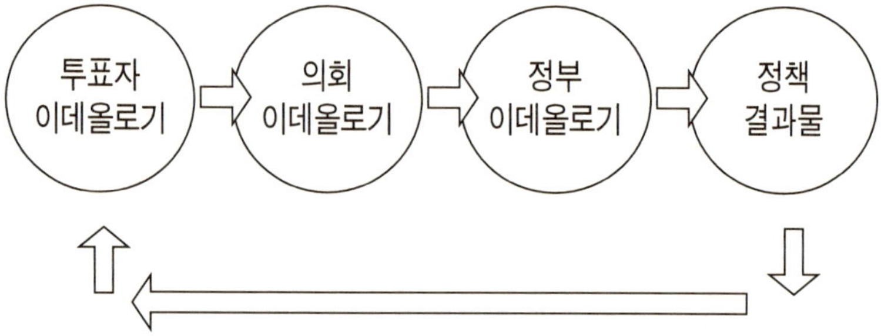

자신의 선호를 공적으로 표출하는 것으로부터 시작된다. 이 때 투표자의 선호 표출은 의회와 정부의 구성을 결정하게 되고, 이것은 정책의 결정으로 이어진다. 마지막으로 투표자는 다음 선거에서 정책과 정책의 집행에 대한 자신의 선호를 다시 표출함으로써 이러한 과정은 지속적으로 반복되게 된다.

많은 학자들은 〈그림 9-1〉에서 제시된 민주주의 모델이 민주적인 체제에서 실제 발생하는 행위를 얼마나 잘 반영하고 있는지를 탐구하는 데 많은 노력을 경주해왔다. 많은 문헌들은 서구 민주국가에서 투표자의 선호와 정부의 선호 사이에 어떠한 조응관계가 형성되어 있는가를 연구함으로써 이 문제에 대한 답을 구하고자 하였다. 일반적으로 최근의 민주국가에 대한 연구는 투표자-정부 간에 높은 조응성이 존재한다는 점을 발견하였고, 이를 토대로 현대 민주주의는 높은 수준의 민주적 수행력을 보인다고 결론지었다(Huber and Powell 1994; Powell 2000; Powell and Vanberg 2001; MacDonald et al. 2004). 하지만 이러한 연구결과의 설득력과 일관성에도 불구하고 거기에는 여전히 새로운 주장을 제기할 수 있는 다양한 이유들이 존재한다.

서구 민주주의에서 선거와 그 결과로 구성되는 정부의 형성 문제를 강조하기 때문에 기존 연구의 대부분은 선거의 결과로서 형성되는 정부에 배타적으로 초점을 맞추었다. 하지만 대부분의 민주국가들에서 다음 선거 이전에 정부가 구성되는 것이 상당히 일반적인 현상이다. 이후에 구체적으로 기술되겠지만 실제로 이 장에서 분석대상으로 설정하고 있는 24개 민주국가들 중 제2차 세계대전 이후 형성된 정부들의 대략 절반 정도가 선거를 치르지 않고 형성되었다. 따라서 놀랍게도 우리는 선거와 선거 사이에 형성된 정부에 대하여, 그리고 이렇게 형성된 정부가 중위투표자의 선호를 어느 정도 반영하고 있는지에 대한 이해가 상당히 부족하다.

선거가 없다면 대표자들은 유권자들의 선호를 적극적으로 반영하여 정부를 구성하려는 동기가 약해진다는 이론적 근거가 존재한다는 점을 고려해 볼 때, 이와 같이 선거 없이 형성된 정부에 대한 이해의 부족은 우려할 만하다. 이에 필자는 이 장에서 투표자 이데올로기와 정부 이데올로기 사이의 관계에 대한 고찰을 통하여 민주적 수행력에 대한 보다 광범위한 분석을 제공하고자 한다. 필자는 이 장에서 기존 연구와 달리 선거 직후와 이후에 형성된 정부의 민주적 수행력을 분석하고 있다.

2. 민주적 수행력의 평가: 일치성과 대응성

정책 결과들에 대한 비교 가능한 측정지표가 존재하지 않기 때문에 기존 연구들은 일반적으로 투표자의 선호가 정부와 의회의 구성과 관련하여 어떠한 관계를 형성하고 있는가를 조사한 조응성(*correspondence*)을 민주적 수행력을 평가하는 지표로 활용해왔다(Huber and Powell 1994; Powell 2000; Powell and Vanberg 2001; McDonald et al. 2004). 따라서 이러한 과정에서 각 행위자(투표자, 의회, 정부)의 선호를 측정할 수 있는 지표를 만드는 작업은 민주적 수행력에 대한 연구와 관련하여 매우 중요한 의미를 갖게 되었다. 그리고 이 문제와 관련하여 서구 민주국가들의 경우 좌-우 이데올로기가 현존하는 균열구조를 가장 적절하게 포착하고 있다는 점이 정치학 문헌들을 통하여 잘 정립되어져 왔다(Inglehart and Klingemann 1976; Nie et al. 1976; Castles and Mair 1984; Lijphart 1984; Robertson 1987; Fuchs and Klingemann 1990; Laver and Schofield 1990, 248; Budge and Warwick 1992; Blais et al. 1993; Laver and Budge 1993; Kim and Fording 1998). 따라서 민주적 수행력을 평가할 때 기존 연구들은 유권자, 의회, 정부의 이데올로기적 정향을 반영하는 척도에 자주 의존하였다.

특정 국가의 투표자 이데올로기를 설명하기 위한 대리변수로서 중위투표자 이데올로기와 같은 다양한 측정지표들이 사용되어져 왔다. 중위투표자 이데올로기는 선거에서 다른 이데올로기적 위치에 의하여 패배되지 않는 유일한 정책적 입장이라는 점에서 규범적으로 우월한 특징을 갖는다. 특정 정책이 중위시민의 이데올로기적 입장으로부터 멀어질수록 시민들의 다수는 대안적인 정책을 선호하게 된다.

일반적으로 선호와 이데올로기의 조응성(그리고 민주적 수행력)은 두 가지 방식으로 개념화되어왔다. 먼저 일치성(*congruence*)의 관점에서 특정 시점에서 중위투표자의 이데올로기적 위치가 의회 및 정부의 이데올로기적 위치와 얼마만큼 유사한 특징을 보이는가를 파악하는 것이다(Huber and Powell 1994; Kim and Fording 2005). 몇몇 학자들은 일치성의 부재를 묘사하기 위하여 이전 선거에서의 대표자(의회 또는 정부) 이데올로기와 중위투표자 이데올로기의 차이를 절대값으로 산출한 '왜곡(*distortion*)'이라는 용어를 사용해왔다(McDonald et al. 2004; Kim et al. 2006). 따라서 일치성/왜곡은 중위투표자와 대표자 사이에 존재하는 이데올로기적 차이(거리)를 절대값으로 측정하게 된다. 그러므로 일차원적인 공간에서 완벽한 일치성은 중위투표자의 이데올로기와 대표자(정부 또는 의회)의 이데올로기가 같은 위치에 있을 때 나타난다. 중위투표자의 이데올로기와 대표자의 이데올로기 사이의 거리가 멀어질수록 정치대표성의 일치성 수준은 낮아진다(왜곡 수준은 높아진다).

다음으로 선호와 이데올로기의 조응성은 대응성(*responsiveness*)의 관점에서 파악할 수 있다. 대응성은 투표자 이데올로기의 변화와 대표자 이데올로기의 변화 사이에 존재하는 동태적인 조응관계를 의미한다. 그러므로 완벽한 대응성은 중위투표자의 이데올로기와 대표자의 이데올로기가 두 번의 선거 사이에 같은 방향으로 정확하게 같은 수준으로 변화할 때 나타나게 된다(McDonald et al. 2004; Kim and Fording 2005; Kim et al. 2006).

비록 필자가 아래의 이론적인 논의에서 일치성과 대응성을 구분하고 있지는 않지만 민주적 수행력의 측정과 관련하여 합치성과 대응성은 개념적으로 구분하고 있다. 일치성/왜곡은 한 시점에서 중위투표자의 이데올로기가 정부의 이데올로기와 얼마나 유사한 특징을 보이는가를 반영한다. 그러므로 이러한 측면에서 보면 일치성/왜곡은 민주적 수행력에 대한 정적인 측정이라고 평가할 수 있다. 반면 대응성은 비록 단기간이지만 투표자의 이데올로기 변화와 정부의 이데올로기 변화 사이에 존재하는 동태적인 조응관계를 포착하고 있는 개념이다. 만약 초기 단계에서 일치성의 수준이 낮지 않다면 높은 수준의 대응성은 일치성을 향상시키는 데 별 영향을 미치지 못할 것이다. 그리고 일치성/왜곡의 수준은 정부가 투표자의 선호를 정책적으로 대응하는 과정에서 이데올로기적으로 방향의 오류를 범할 때 증가될 것이다. 이 문제에 대해서는 이 장의 마지막 부분에서 다시 논의하기로 하겠다.

3. 일치성과 대응성에 대한 기존 연구

그동안 다양한 그룹의 학자들이 유권자 이데올로기와 정부 이데올로기 사이의 일치성 수준(Huber and Powell 1994; Powell 2000; 2004), 그리고 유권자 이데올로기와 의회 이데올로기 사이의 일치성 수준(Powell and Vanberg 2001; Powell 2004)에 대하여 연구해왔다. 이러한 연구들은 단순다수 소선거구제보다 비례대표제가 국민들의 선호를 정부와 의회의 선호로 전환하는 데 보다 우월한 특징을 보인다는 점을 입증하였다. 김희민, 포웰, 포딩의 연구(Kim et al. 2006)는 이러한 초기 연구의 논의를 확장시켜서 정당체계의 특성, 즉 정당유효수와 분극화가 투표자 이데올로기와 의회/정부 이데올로기 사이의 일치성에 어떠한 영향을 미치는가를 고찰하였다.

맥도널드(McDonald), 멘데스(Mendes), 버지(Budge)는 유권자 이데올로기와 의회 이데올로기 사이, 그리고 의회 이데올로기와 정부 이데올로기 사이의 조응성에 대하여 연구하였다(McDonald et al. 2004). 또한 유권자 이데올로기와 정부 이데올로기를 간접적으로 비교하였다. 그들은 "중위투표자는 그들의 선호를 정책으로 전환시킬 수 있는 의회의 중추정당(*pivotal party*)을 선택한다"는 '중위 위임명제(*median mandate thesis*)'를 통하여 민주주의 이론을 발전시켰다(McDonald et al. 2004, 1). 그들은 중위투표자가 선호하는 중위정당이 그들의 이데올로기적 위치로 인하여 연립의 협상과정에서 전략적으로 우세한 위치를 점유할 수 있다고 보았다. 그리고 이러한 관점에서 그들은 선거란 일종의 중위정당을 지명하는 절차라고 주장하였다. 뿐만 아니라 그들은 이러한 이유로 인하여 중위정당의 경우 거의 모든 연립정부에 포함되는 것이 보장된다고 결론을 내렸다.

민주주의가 잘 기능하기 위해서는 왜곡의 수준이 낮아야 한다(높은 수준의 일치성). 하지만 낮은 수준의 왜곡이 반드시 민주적 제도들이 당초의 의도대로 잘 운용되는 것을 보장하는 것은 아니라는 점을 주목할 필요가 있다. 민주국가에서 투표자의 선호는 선거를 통하여 정부의 정책으로 전환되게 된다. 다시 말해 선거는 투표자의 선호와 정부의 선호 사이에 존재하는 조응성에 인과적인 역할을 수행하게 된다. 하지만 일치성에 대한 측정지표는 이러한 사실에 대한 충분한 증거를 제공하지 못한다.

이 점은 "만약 평균적으로 유사한 조응성이 선거와 연결되지 않는다면 중위 위임명제와 관련하여 낮은 수준의 왜곡은 아무런 영향이 없거나 있다고 하더라도 미약할 것"이라고 주장한 맥도널드, 멘데스, 버지를 통하여 고려되어졌다(McDonald et al. 2004, 1, 20). 이러한 쟁점의 측면에서 맥도널드, 멘데스, 버지는 대응성을 중위투표자 이데올로기의 이동과 의회 정책(그리고 궁극적으로 정부의 이데올로기)의 이동이 일치하는 정도라고 정의하여 분석을 수행하였다(McDonald et al. 2004, 20). 20개 민주국가의 투표자, 의회, 정부의 이데올로기에 대한 광범위한 분석에 기반하여 맥도널드, 멘데스, 버지는 일반적으로 소선거구제보다는 비례대표제 하에서 조응성이 높고 좀더 신뢰할 만한 대응성이 발견되어지지만 거의 모든 국가의 대응성에는 일대일 조응성이 존재한다고 결론내렸다.

최근까지 장기간에 걸쳐 신뢰할 수 있는 투표자, 의회, 정부 이데올로기의 측정지표가 존재하지 않아 민주적 수행력과 관련하여 일치성에 대한 횡단적인 연구는 상당히 많은 제한을 받아왔다. 하지만 이 문제와 관련하여 지난 몇 년 동안 정치학자들은 비교 매니페스토 프로젝트 그룹(*Comparative Manifestos Project Group*)에 의해서 수집되고 개정된 정당 매니페스토 데이터(Budge 1992; Volkens 1995; Budge et al. 2001)를 점점 더 많이 활용해오고 있다. 이 데이터는 정당, 투표자, 의회, 정부의 이데올로기를 측정할 수 있는 지표를 구축하는데 창조적으로 활용되어 왔고, 모든 측정지표들은 비교 가능한 척도로 제시되어져 있다(Laver and Budge 1993; Budge et al. 2001; Kim and Fording 1998; 2003). 매니페스토 데이터와 이에 기반한 측정지표들의 개발로 인하여 민주적 수행력에 대한 연구는 새롭게 마련된 엄정한 기준을 토대로 가일층 성장하고 있다(McDonald et al. 2004; Kim and Fording 2005; McDonald and Budge 2005; Kim et al. 2006).

4. 선거 사이에 구성된 정부들

거시적인 관점에서 정치학은 정부에 대한 연구로 특징지을 수 있다. 정치문화, 사회화, 이익의 결집과 조정, 정당, 정책 작성, 그리고 공공정책의 영향 등에 대한 모든 연구들은 우리가 정부를 어떻게 인식하느냐, 대표자를 어떻게 선출하느냐, 어떻게 정부의 정책결정에 영향을 미치느냐, 그리고 정부의 결정이 어떻게 우리에게 영향을 미치느냐 하는 문제들을 다룬다. 그러므로 정치학자들은 북미와 서유럽의 선진 민주국가에 초점을 맞추어 정부의 다양한 측면들을 광범위하게 연구해왔다.

기존 연구의 대부분이 서구 민주국가들의 선거와 이로 인한 정부의 구성에 초점을 맞추어 진행하였기 때문에 우리는 종종 서구 민주국가들에서 정부가 선거 없이 구성될 수 있다는 사실을 간과하는 경향이 있다. 그리고 그 결과 우리는 이처럼 선거 없이 구성되는 정부의 구성과정에 대한 이해가 놀랄 만큼 미미하다. 특히 이러한 현실은 선거 없이 구성되는 정부가 현실세계에 많이 존재한다는 점을 감안할 때 더욱 경종을 울린다. 이 점은 필자가 이 장에서 분석대상으로 설정하고 있는 24개 민주국가에 대한 정보를 나타내고 있는 〈표 9-1〉을 통해서도 잘 목격할 수 있다.

〈표 9-1〉을 보면 제2차 세계대전 이후 24개 민주국가에서 구성된 674개 정부들 중 344개의 정부(51%)가 선거 직후에 형성되었다. 이것은 제2차 세계대전 이후 24개 민주국가에서 구성된 정부들 중 49%가 선거를 치르지 않고 구성되었다는 것을 의미한다.[1] 또한 〈표 9-1〉은 국가별 선거 사이에 형성된 정부의 횟수에는 차이가 존재하지만 이들 민주국가에서 이같은 특징은 공통적으로 나타나고 있다는 점을 보여준다. 예를 들어, 이탈리아, 프랑스, 스위스는 각 선거주기마다 최소한 평균적으로 두 개의 정부들이 선거 없이 구성되었다. 반대로 스페인과 포르투갈에는 선거 없이 구성된 정부가 매우 드물었다. 그럼에도 불구하고 분석대상이 되는 모든 민주국가에서 적어도 한 번은 선거 없이 구성된 정부를 경험하였다. 이렇듯 많은 민주국가에서 선거 없이 정부가 구성되었음에도 불구하고 이에 대한 이해가 부족하기 때문에 이같은 정부의 특성과 행태에 대한 분석이 요구된다.

투표자와 정부의 조응성과 대응성에 관한 기존의 모든 연구들은 유권자의 이데올로기와 선거 직후 구성된 정부 이데올로기 사이의 조응성을 살펴보는 데 노력을 경주하였다. 이것은 기존 연구들이 선거결과로 구성된 정부에만 초점을 맞추어 선거의 부재 속에서 발생

1) 〈표 9-1〉은 월덴도프, 케만, 버지(Woldendorp, Keman, Budge 2000)의 논문에 제시된 정보를 기반으로 하여 작성하였다. 그들의 '정부'에 대한 정의는 아래에서 논의된다.

〈표 9-1〉 선거 혹은 선거에 근접하여 형성된 24개 민주국가 정부들

국가명	선거 이후 형성된 정부	선거 없이 형성된 정부	선거 사이 평균 정부의 수	분석기간
오스트레일리아	22	7	.30	1946~1996
오스트리아	15	6	.35	1949~1995
벨기에	17	18	.95	1946~1995
캐나다	17	4	.22	1945~1997
덴마크	22	10	.43	1945~1994
핀란드	15	28	1.76	1945~1995
프랑스	14	38	2.60	1946~1997
독일	14	13	.87	1949~1994
영국	15	5	.31	1945~1997
그리스	9	5	.50	1974~1996
아이슬란드	16	6	.33	1949~1991
아일랜드	16	5	.39	1948~1997
이스라엘	14	28	2.00	1950~1996
이탈리아	14	39	2.67	1949~1996
일본	13	14	.88	1960~1996
룩셈부르크	12	5	.38	1946~1996
네덜란드	17	7	.39	1960~1996
뉴질랜드	18	5	.25	1945~1994
노르웨이	14	12	.80	1946~1994
포르투갈	9	2	.45	1946~1996
스페인	7	1	.13	1945~1997
스웨덴	17	7	.39	1976~1995
스위스	13	36	2.4	1979~1996
터키	12	22	1.57	1950~1997
전체	344	330	0.93	–

■ 출처: Woldendorp et al. 2000

하거나 발생하지 않을 수 있는 정부 구성상의 변화를 이론적으로나 경험적으로 구분하는 데 실패해 왔다는 것을 의미한다. 따라서 선거가 실시되지 않는 시기 투표자의 선호와 정부의 이데올로기가 어떠한 조응성을 보이는가에 대한 연구는 여전히 미개척 분야로 남아 있다.[2] 이 장에서 필자는 투표자 이데올로기와 정부 이데올로기 사이의 관계를 면밀하게 재조사함으로써 민주적 수행력(일치성과 대응성)에 관한 종합적인 연구를 제공하고자 한다. 기존 연구와 달리 필자는 선거 직후와 그 이후에 구성된 정부 모두를 대상으로 일치성과 대응성을 면밀하게 고찰할 것이다.

5. 이론과 가설

필자는 기존 연구에서 일치성/왜곡과 대응성을 측정하기 위하여 사용한 분석방법에 대체적으로 동의한다. 하지만 필자는 기존 연구가 분석대상을 선거 직후에 형성된 정부에 국한시켰기 때문에 그들의 분석이 불완전하다는 점을 지적하고자 한다. 이 때 문제의 핵심은 "선거 없이 정부가 구성되었을 경우 투표자와 정부의 대응성 및 일치성은 어떠한가?"라는 점에 맞추어지게 된다. 또한 선거 없이 정부가 구성되었을 경우 중위정당이 선거 직후 정부가 구성되었을 경우와

2) 이 분야의 선도적인 학자인 포웰은 "우리는 이 문제에 관하여 우리를 인도해 줄 수 있는 어떠한 경험적인 연구도 가지고 있지 않다"(Powell 2000, 218)라고 하면서 아쉬워하기도 하였다. 포웰은 선거 없이 구성된 7개 정부에 대한 고찰을 통하여 "모든 것을 감안할 때 변화는 조응성에 미약하게 도움을 준다"고 주장한 바 있다. 포웰은 표본의 수가 적다는 점을 고려, 자신의 결론에 대하여 매우 신중한 모습을 보였다.

동일하게 전략적 우위를 지속적으로 유지할 수 있는가 아니면 시간이 흐름에 따라 그 전략적 우위가 약화되는가를 고찰하는 작업도 중요한 의미를 갖는다. 왜냐하면 이 문제에 대한 답은 맥도널드, 멘데스, 버지가 주장한 중위 위임명제의 적실성을 검토할 수 있을 뿐만 아니라 보다 일반적인 차원에서 민주적 제도들의 기능에 관해서도 중요한 함의를 가질 수 있기 때문이다.

이 문제에 대한 가장 간단한 답변은 정당의 지도자들의 경우 시간이 지나더라도 정부의 형성과정에서 그들의 행태를 바꾸지 않는다는 것이다. 왜냐하면 중위투표자의 지지를 받은 정당은 선거 직후의 정부 구성과정뿐만 아니라 선거 사이의 정부 구성과정에서도 지속적으로 전략적 우위를 가지기 때문이다. 그러므로 우리는 시간의 흘러도 중위투표자 이데올로기와 정부 이데올로기 사이의 관계는 민감하게 반응하지 않을 수 있다는 추론이 가능하다. 이와 같은 추론에 기반하여 필자는 다음의 〈가설 1〉과 〈가설 2〉를 도출하였다.

〈가설 1〉 선거 직후 형성된 정부와 선거를 치루지 않고 형성된 정부 사이 정부 이데올로기의 대응성은 같을 것이다.

〈가설 2〉 선거 직후 형성된 정부와 선거를 치루지 않고 형성된 정부의 중위투표자 이데올로기와 정부 이데올로기 일치성은 서로 같을 것이다.

하지만 대안적으로 시간의 흐름에 따라 중위투표자 이데올로기와 정부 이데올로기 사이의 관계가 매개되는 효과(*mediating effect*)가 나타날 것이라고 생각할 수 있는 충분한 이유도 존재한다. 이같은 매개효과의 방향은 분명하지 않지만 투표자 이데올로기와 정부 이데올로기 사이의 관계가 다음 선거가 실시되기 이전까지 구성된 각각 연속적 정부들에서 시간이 흐름에 따라 강화된다고 예측할 수 있다. 이러한 주장은 선거 직후 구성된 정부에서 중위투표자의 이데올로기와 정부의 이데올로기가 잘 일치되지 않을 때 특히 타당성을 가질 수 있다. 만약 이것이 사실이라면 선거 없이 구성된 정부들의 경우 선거공약으로부터 이탈하여 정부 구성의 교섭환경을 더욱 자유롭고 자체적으로 결정할 수 있게 됨에 따라 실질적으로 투표자와 정부 선호 사이의 조응성(즉 민주적 수행력)을 향상시킬 수도 있다.

예를 들어, 이데올로기적으로 극단적인 성향을 보이는 정당 또는 정당들이 연립정부로부터 제외되거나(1981년 프랑스) 이데올로기적으로 중도적인 성향을 보이는 정당들이 연립정부에 참여하거나(1993년 뉴질랜드) 혹은 대연정이 형성되면서(1978년 벨기에) 조응성이 향상될 수 있다(Powell 2000). 이를 토대로 필자는 앞서 정립한 〈가설 1〉과 〈가설 2〉에 대한 대안적 가설로 다음의 〈가설 3〉과 〈가설 4〉를 정립하고자 한다.

〈가설 3〉 정부 이데올로기의 대응성은 선거 없이 구성된 정부와 비교하여 선거 직후 구성된 정부에서 더욱 약할 것이다.

〈가설 4〉 투표자 이데올로기와 정부 이데올로기 사이의 일치성은 선거 없이 구성된 정부와 비교하여 선거 직후 형성된 정부에서 더욱 약할 것이다.

〈가설 3〉과 〈가설 4〉에서 예측된 시간효과와는 반대로 투표자-정부 사이의 조응성이 선거 이후 형성된 연속적인 정부에서 약화될 수 있다는 가설을 정립할 수도 있다. 예를 들어, 정당들은 최근 선거에서 표출된 투표자의 선호를 중시하기 때문에 선거 이후 중위투표자의 이데올로기에 더욱 많이 주목하는 경향을 보일 수 있다. 즉 선거 직후 첫 번째로 구성된 정부의 경우 자신의 이데올로기가 중위투표자의 이데올로기와 현저하게 차이를 보인다면 정통성이 하락될 수 있다는 점을 염려할 수 있다. 하지만 시간이 지남에 따라 이에 대한 투표자들의 관심이 줄어들고, 정당들의 염려도 덜 중요해진다.

실제로 정부는 엘리트 간의 협상, 이슈와 의제의 조작 등과 같은 국민들의 선호와 무관한 이유들로 인하여 종종 붕괴된다(Powell 2000). 정부 구성과 관련한 협상을 인도할 수 있는 선거가 부재할 경우 이러한 요소들은 새로운 정부의 형성기간 동안 진행되는 정당들간의 협상에 더욱 중요한 영향을 미칠 것이다. 그리고 이 경우 정당들은 중위투표자의 이데올로기에 덜 민감한 반응을 보이는 정부를 형성할 가능성이 높다. 이와 같은 논의는 다음과 같은 〈가설 5〉와 〈가설 6〉의 정립을 가능하게 해준다.

〈가설 5〉 정부 이데올로기의 반응성은 선거 없이 형성된 정부에서보다 선거 직후 형성된 정부에서 더욱 강할 것이다.

〈가설 6〉 투표자 이데올로기와 정부 이데올로기 사이의 조응성은 선거 없이 형성된 정부보다는 선거 직후 형성된 정부에서 더욱 강할 것이다.

이제 필자는 앞서 논의한 관계가 선거제도에 의해서 매개되는 가능성에 대하여 고찰해보고자 한다. 앞서 언급한 것처럼 민주적 수행력에 관한 기존 논의는 일반적으로 비례대표제가 소선거구제와 비교하여 투표자의 선호를 정부의 정책으로 잘 전환시킨다는 결론을 내리고 있다. 그리고 이러한 차이는 주로 소선거구제의 적은 정당유효수와 높은 투표-의석 비비례성에 기인하는 것으로 간주되어왔다(Huber and Powell 1994; Powell 2000; McDonald et al. 2004; Powell 2004; Kim et al. 2006). 이러한 요소들의 영향력이 선거시점에서 대응성과 일치성의 중요한 차이를 이끌 수 있다. 하지만 정부가 선거 없이 구성될 때에도 이러한 요소들이 체계적인 방식으로 지속적으로 작동하리라고 믿을만한 선험적인 이유는 존재하지 않는다. 이에 필자는 이 문제를 고찰하기 위하여 다음의 〈가설 7〉과 〈가설 8〉을 정립하였다.

〈가설 7〉 정부 이데올로기의 대응성 변화 양상은 선거제도의 형태에 의하여 체계적으로 매개되어지지 않는다.

〈가설 8〉 일치성의 변화 양상은 선거제도의 형태에 의하여 체계적으로 매개되어지지 않는다.

6. 연구설계와 모델 설명

이 절에서 필자는 지금까지 정립한 가설들을 검증하고자 한다. 필자는 앞서 〈표 9-1〉에서 제시한 24개 민주국가의 선거 직후 형성된 정부와 선거 없이 형성된 정부 모두를 포함하여 분석을 수행하고 있다.[3] 분석기간은 국가마다 다소 차이를 보이지만 대다수 국가들에 대

3) 앞서 언급한 바 있듯이 필자는 월덴도프, 케만, 버지(Woldendorp et al. 2000)의 정부에 대한 데이터에 의존하여 연구를 수행하고 있다. 월덴도프, 케만, 버지는 그들의 자료집에서 "정부는 선거 이후에 형성되고, a)수상의 교체; b)내각의 정당 구성 변화; c)동일한 수상과 정당에 기반하여 두 선거 사이 사임에 따라 정부가 재구성되는 경우를 모두 포괄한다"고 정의하였다(Woldendorp et al. 2000, 10). 다시 말해 월덴도프, 케만, 버지는 a), b), c)의 조건들 중에서 하나 혹은 그 이상의 조건이 발생할 경우 새로운 정부가 형성된 것으로 간주하였다. 그들은 일반적으로 사임이 정치적 상황을 변화시키는 데 중요한 역할을 하기 때문에 자신들의 정부에 대한 정의가 다른 정의보다 훨씬 엄격하며 타당하다고 주장하였다. 월덴도프, 케만, 버지는 또한 정부의 수와 관련한 그들의 분석이 이 분야에서 자주 인용되는 다른 분석들과 별 차이가 없다는 점을 부연하기도 하였다(Woldendorp et al. 2000, 10).

한 자료는 제2차 세계대전 이후 시기부터 1990년대 후반까지로 설정되어 있다.

앞서 언급한 대로 정당 매니페스토 데이터는 비교 가능한 척도로 측정되는 정당, 투표자, 정부의 이데올로기 측정지표들을 구축하기 위하여 사용되었다. 따라서 이 장에서 필자는 일치성과 대응성에 대한 모든 분석에서 매니페스토를 기반으로 산출한 투표자 이데올로기 측정지표와 정부 이데올로기 측정지표를 사용하고 있다. 각각의 정부에 대하여 필자는 다음의 세 가지 변수에 대한 자료를 수집함으로써 연구를 시작하였다.

- 투표자의 이데올로기, $VI_i(t)$

필자는 각 국가(i)의 선거 순서(선거 t, t={1, 2, ... m})를 고려하여 투표자 이데올로기를 측정하였다. 구체적으로 필자는 선거를 시민들이 자신의 선호를 표출하는 장으로 간주하고, 매니페스토 자료를 토대로 정당들의 이데올로기를 파악하여, 중위투표자의 이데올로기를 등간척도로 산출하였다(Kim and Fording 1998; 2003). 투표자 이데올로기 측정지표는 0점에서 100점 사이의 값을 가지게 되며, 그 값이 높을수록 상대적으로 좌파적인 성향이 강하다는 것을 의미한다.[4]

- g_i={0, 1, 2, ... n}

이것은 i국가에서 선거 사이에 형성된 모든 정부의 구성순서를 나타내는 단순한 정부 순위변수이다. 0은 선거 직후 형성된 정부를 나타낸다. 1은 선거 없이 형성된 첫 번째 정부를, 그리고 2는 선거 없이 형성된 두 번째 정부를 의미한다.

---

4) 투표자 이데올로기 측정지표에 대한 세부적인 논의는 제4장을 참고.

● 정부의 이데올로기, $GI_i(g)$

필자는 각 국가(i)의 선거 직후와 다음 선거 이전에 형성된 일련의 정부 G_i의 이데올로기를 측정하였다. 필자는 매니페스토 데이터를 사용하여 정부를 구성하고 있는 정당들이 내각에서 얼마만큼의 장관직을 차지하고 있는가를 가중평균의 방식으로 처리하여 정당의 이데올로기를 측정하였다. 그리고 이것을 토대로 정부 이데올로기 측정지표를 산출하였다.[5] 정부 이데올로기 측정지표도 0점에서 100점 사이의 값을 가지게 되며, 그 값이 높을수록 정부가 좌파적인 성향을 보이는 것을 의미한다.[6]

● 대응성

정부의 대응성을 조사하기 위하여 필자는 맥도널드, 멘데스, 버지의 접근방법과 유사한 접근방법을 채택하고 있다. 즉 필자는 투표자 이데올로기와 정부 이데올로기 사이의 관계에 대한 회귀분석을 수행하여 정부의 대응성을 평가하고 있다. 그럼에도 불구하고 필자의 회귀분석 전략은 맥도널드, 멘데스, 버지의 그것과 비교하여 다음의 두 가지 측면에서 중요한 차이가 존재한다. 첫째, 앞서 언급한 바 있듯이 필자는 선거 직후 형성된 정부와 선거 사이에 형성된 정부 모두를 대상으로 대응성을 평가하고 있다. 둘째, 필자는 맥도널드, 멘데스, 버지처럼 대응성의 수준만을 살펴보지 않고 투표자 이데올로기와 정부 이데올로기의 변화를 고찰하고 있다. 실제로 필자가 이러

5) 각 정부의 이데올로기를 측정하기 위하여 사용된 정당 이데올로기 측정지표는 선거와 선거 사이에 일정하다. 따라서 선거 사이의 다양한 모든 정부들의 정부 이데올로기 측정지표의 변화는 정부에 대한 정당의 통제의 변화에 주로 기인한다. 이는 처음 필자(Kim and Fording 2002)에 의해 소개된 정부 이데올로기 측정지표들에 대한 약간의 수정이다.

6) 정부 이데올로기 측정지표에 대한 세부적인 논의는 제6장을 참고.

한 방식을 선택하게 된 논리는 맥도널드, 멘데스, 버지에 의하여 제공되어졌다.

그들이 언급한 바 있듯이 투표자 이데올로기와 정부의 이데올로기는 같은 국가에서 같은 영향에 대하여 대응하기 때문에 시간이 흐름에 따라 양 이데올로기는 대체적으로 같은 방향으로 이동하게 된다. 맥도널드, 멘데스, 버지가 주장한 것처럼 "비록 선거를 통하여 정당과 투표자의 정책적 선호가 동일한 차원에서 조정되는 것은 아니지만 상당한 수준의 좋은 일치성이란 일 국가 내에서 정당들과 투표자들이 유사한 정책적 선호를 공유하는 것"이라고 생각할 수 있다 (McDonald et al. 2004, 20).

따라서 단순히 이데올로기 수준들간의 관계를 살펴볼 경우 우리는 투표자 이데올로기와 정부 이데올로기가 단순하게 공유하는 공통의 장기적인 경향과 실질적인 대응성 간의 차이를 구분할 수 없다.[7]

각 이데올로기 측정지표들을 사용하여 필자는 다음과 같은 방식으로 이데올로기 변화의 측정지표들을 산출하였다.

투표자 이데올로기의 변화: $\triangle VI_i(t) = VI_i(t) - VI_i(t-1)$

정부 이데올로기의 변화: $\triangle GI_i(t, g) = GI_i(t, g) - GI_i(t-1, 0)$

△VI는 선거 t와 t-1 사이 중위투표자의 이데올로기 변화를 의미한다. 다시 말해 △VI는 지난 두 선거 동안 발생한 투표자 이데올로기

---

7) 필자는 〈표 9-1〉, 〈표 9-2〉, 〈표 9-3〉, 〈표 9-4〉에서 제시한 대응성에 대한 필자의 모든 분석을 맥도널드, 멘데스, 버지가 개발한 투표자 이데올로기 수준과 정부 이데올로기 수준을 사용하여 재분석해보았다. 양 접근방법상에 중요한 차이가 존재함에도 불구하고 필자는 거의 동일한 연구결과를 얻을 수 있었다. 즉 필자의 분석에서 통계적으로 유의미하게 나타난 모든 독립변수들은 재분석에서도 동일한 방향으로 통계적으로 유의미하게 나타났다.

의 변화를 측정한 것이다. 필자의 데이터에서 이 값은 모든 g_i에 걸쳐 일정한 값을 갖는다는 점을 주지할 필요가 있다. 필자의 △GI 측정지표는 현 정부의 이데올로기 $GI_i(t, g)$와 이전 선거 이후에 형성된 첫 번째 정부의 이데올로기 $GI_i(t\text{-}1, 0)$ 사이의 차이를 측정한 것이다. 이러한 전략의 논리는 간단한다. 현 정부에서 g_i=0인 경우 △VI에 대한 △GI의 회귀분석은 중위투표자의 이데올로기 변화가 선거 직후 형성된 정부들에서의 이데올로기 변화와 얼마나 잘 부합하는지를 조사할 수 있도록 해준다. 현 정부에서 g_i〉0인 경우에는 △VI에 대한 △GI의 회귀분석은 선거 사이 새로운 정부의 형성으로 인한 정부 이데올로기의 변화가 앞의 g_i=0에서 관찰된 대응성의 기준 수준(*baseline level*)에 얼마나 영향을 미치는가를 고찰할 수 있도록 해준다.

간단한 예를 통하여 이러한 분석의 논리를 살펴보도록 하자. 먼저 i 국가의 특정한 두 선거를 분석한다고 가정하자. 각 선거 이후에 일련의 정부가 아래와 같이 형성된다.

선거 t-1	투표자 이데올로기	정부 이데올로기
g_i=0	40	40
g_i=1		관계없음
g_i=2		관계없음
선거 t	**투표자 이데올로기**	**정부 이데올로기**
g_i=0	50	60
g_i=1		50
g_i=2		40

위의 예에서 투표자 이데올로기의 변화는 $\triangle VI_i(t)=VI_i(t)-VI_i(t-1)=50-40=10$으로 산출할 수 있다. 다시 말해 선거 t-1부터 선거 t까지 중위투표자의 이데올로기는 10점 증가하였다. 선거 t 이후에 첫

번째로 형성된 정부의 이데올로기 변화는 $\triangle GI_i(t, g)=GI_i(t, g)-GI_i(t-1, 0)=60-40=20$으로 산출할 수 있다. 즉 선거 t-1로부터 t까지 중위투표자의 이데올로기가 10점 증가하면 정부의 이데올로기는 20점이 증가하게 되는데, 이것은 중위투표자의 관찰된 변화를 10점 초과하는 값이다. 다음 정부에서 선거 없이 형성된 첫 번째 정부($g_i=1$)의 이데올로기 변화의 값은 $\triangle GI_i(t, g)=50-40=10$이다. 따라서 $g_i=1$은 중위투표자의 이데올로기 변화와 일대일로 부합하는 정부의 이데올로기가 10점 증가한다는 점을 보여준다. 그러므로 이 예를 놓고 볼 때 정부의 대응성은 새로운 정부의 형성을 통해서 향상된다는 점을 알 수 있다. $g_i=2$인 경우에는 정부의 이데올로기에 변화가 없으므로 (40−40=0) 이전의 정부와 비교하여 정부의 대응성은 감소된다. 이러한 간단한 예를 통하여 필자는 정부의 대응성 수준은 새로운 정부의 형성과 함께 변화하는 특징을 보인다고 결론을 내릴 수 있다.

● 일치성

다음으로 필자는 중위투표자 이데올로기와 정부 이데올로기 사이의 일치성 정도를 어떻게 평가할 수 있는지를 설명하고자 한다. 앞서 논의한 것처럼 일치성은 주어진 시점에서 유권자의 이데올로기적 위치와 정부의 정책적 위치가 서로 얼마만큼 유사한 특징을 보이는가를 반영하는 개념이다. 따라서 일치성의 개념은 대응성의 개념보다 좀더 정적인 특징을 갖는다. 일차원적인 공간에서 완벽한 일치성은 중위투표자의 이데올로기와 정부의 이데올로기가 같은 위치에 있을 때 가능하다. 중위투표자의 이데올로기와 정부의 이데올로기 사이의 거리가 멀어질수록 정치대표성에 있어서 일치성은 약화된다. 일치성은 주어진 시간에서 중위투표자 이데올로기와 정부 이데올로기 사이의 거리와 본질적으로 관련되어 있기 때문에 여러 학자들은 '왜곡'이라고 명명한 측정지표를 사용해왔다.

이러한 '왜곡'은 일치성의 부재로 정의되고, 구체적으로 이전 선거에서 대표자 이데올로기와 중위투표자 이데올로기의 절대적 차이(절대값)으로 산출된다(McDonald et al. 2004; Kim et al. 2006). 필자도 유권자와 정부 사이의 일치성을 연구하기 위하여 왜곡의 측정지표를 활용하는 연구전략을 채택하였다. 그럼에도 불구하고 앞서 언급한 바 있듯이 필자의 접근방법은 선거 직후 형성된 정부와 그 이후에 형성된 정부에서의 합치성/왜곡을 평가하고 있다는 점에서 기존 연구와 차별성을 갖는다. 따라서 필자는 정부의 왜곡을 다음과 같이 정의한다.

$$g_i=\{0, 1, 2, ... n\}\text{일 경우: } GD_i(t, g) = | GI_i(t, g) - VI_i(t) |$$

위의 측정에서 $GD_i(t, g)$은 가장 최근에 실시된 선거 t에서 각 정부의 이데올로기와 중위투표자의 이데올로기 사이의 거리를 절대값으로 산출한 것이다.

7. 분석 및 결과

필자는 지금부터 분석의 결과를 제시하고자 한다. 먼저 대응성에 대한 분석의 결과를 제시해보면 앞서 지적한 것처럼 대응성을 측정하는 필자의 전략은 △VI에 대한 △GI의 회귀분석에 기반을 두고 있다. 여기서 필자의 통계적인 주요 관심사는 이 회귀분석의 기울기에 있다. 완벽하게 대응적인 민주체제에서 정부 이데올로기는 평균적으로 투표자 이데올로기의 변화에 일대일 방식으로 대응해야 한다. 이 경우 △VI에 대한 기울기 계수는 1로 나타나게 된다. 1.0으로부터 이

〈표 9-2〉 선출된 정부들의 대응성, 1945~1997

독립변수	공식 1	공식 2
△VI	.87**	.84**
△VI×SMD	—	.02
SMD	—	-.66
R^2	.31	.32
N	317	308

· SMD: 소선거구제
*: p〈0.05, **: p〈0.01

탈하는 기울기 계수는 덜 대응적인 체제를 나타낸다. 필자는 아래에 제시된 [공식 1]과 [공식 2]를 통하여 선거 직후 형성된 정부의 대응성 계수를 측정하였다.

$$\triangle GI_i(t, 0) = \alpha_i + \beta_1 \times \triangle VI_i(t) + \mu \quad \text{[공식 1]}$$

$$\triangle GI_i(t, 0) = \alpha_i + \beta_1 \times \triangle VI_i(t) + \beta_2 \times SMD + \beta_3 \times (\triangle VI_i(t) \times SMD) + \mu \quad \text{[공식 2]}$$

[공식 1]은 모든 국가들의 대응성 수준을 측정하기 위한 것이고, [공식 2]는 모든 선거제도에 따른 대응성의 안정도를 검증하기 위한 것이다. 필자는 두 모델 모두에 대하여 OLS(*Ordinary Least Squares*)에 기반한 패널 회귀분석을 수행하였다. 두 모델에서 개별국가의 효과들(α_i)이 인정되며, μ는 OLS의 가정을 충족시키는 확률오차항(*ramdom error term*)이다.

[공식 1]과 [공식 2]의 계수들은 〈표 9-2〉에 제시되어 있다. 선거

직후에 형성된 정부들을 대상으로 한 회귀분석에서 필자는 높은 수준의 대응성이 존재한다는 증거를 발견하였다. 회귀분석 결과 △VI의 기울기는 거의 1에 근접(0.87)하였는데, 이것은 선거결과로서 발생한 정부 이데올로기의 변화가 중위투표자 이데올로기의 변화와 거의 일대일 방식으로 부합한다는 사실을 보여준다. 또한 필자는 선거제도 유형의 차이에 따라서 대응성의 수준이 거의 차이를 보이지 않는다는 점도 발견하였다.

이제 선거 사이에 형성된 정부에서 대응성이 어떻게 변화하는지에 초점을 맞추어 정립한 대안적 가설들(〈가설 1〉, 〈가설 3〉, 〈가설 5〉)을 검증해보도록 하자. 이에 필자는 선거 없이 형성된 정부들을 포함한 전체사례들에 대한 조사를 수행하기 위하여 앞서 제시한 [공식 1]을 [공식 3]으로 수정하였다.

$$\triangle GI_i(t, 0) = \alpha_i + \beta_1 \times \triangle VI_i(t) + \beta_2 \times g_i + \beta_3 \times (\triangle VI_i(t) \times g_i) + \mu \quad \text{[공식 3]}$$

[공식 3]은 투표자 이데올로기의 변화와 선거 사이 형성된 정부의 순서(g_i) 간의 상호작용에 대한 모델이다. 필자는 이 방정식을 두 가지 다른 방식으로 측정하고 있다. 첫째, 필자는 g_i에 대하여 0 또는 1의 값을 가지는 이분적인 척도를 사용하고 있다. 즉 필자는 선거 직후 형성된 정부의 대응성 정도와 선거 없이 형성된 정부의 대응성 정도를 먼저 비교하고 있다. 이 회귀분석에 대한 계수는 〈표 9-3〉의 왼쪽 열에 제시되어 있다. 분석결과, 선거 직후 형성된 정부에서 △GI와 △VI 사이의 기울기는 필자가 예측한 바대로 [공식 1]에서 측정한 기울기와 일치하면서 1에 근접해있다(0.87). 하지만 선거 없이 형성된 정부의 경우 기울기의 값은 β_3 (-.24)에서 나타나듯이 1보다 상당히 적다. 이 계수의 값은 위의 정부들 중 대응성 수준은 기울기 값이

〈표 9-3〉 선출된 정부와 비선출된 정부의 대응성, 1945~1997

독립변수	공식 3 (g_i=0, 1)	공식 3 (g_i=0, 1, 2, ... n)
△VI	.87**	.91**
△VI × g_i	-.24*	-.19**
g_i	1.13	.21
R^2	.46	.28
N	612	612

*: $p < 0.05$, **: $p < 0.01$

0.63에서 0.24 감소한다는 것을 알려준다. 이 계수가 통계적으로 유의미하기 때문에 선거 이후 시간이 흐름에 따라 정부의 대응성이 감소할 것이라고 예측한 〈가설 5〉는 상당히 강력하게 지지된다고 하겠다.

이러한 결과는 설득력을 가질 수 있지만 〈가설 5〉의 기저에 있는 논리는 대응성의 경우 연속적인 정부의 형성을 통하여 선형적으로 감소한다는 것이다. 다만 이분법적인 상호작용에 기반하여 이러한 주장이 정말로 사실인지 판단하기는 불가능하다. 이러한 문제의식은 당초 설정한 g_i에 기초하여 [공식 3]의 두 번째 수정으로 이어진다. 이 때 g_i=0은 선거 이후 형성된 첫 번째 정부를, 그리고 g_i=1, 2, 3 등은 선거 없이 형성된 연속적인 정부를 나타내는 등간척도로 측정된다. 이 회귀분석의 계수는 앞의 경우와 같이 선거 이후에 형성된 정부에 대하여 △VI와 △GI 사이의 관계에 대한 기울기가 거의 1에 근접한다(β_1=0.91). 상호 교차항에 대한 계수는 음수로 나타나는데, 이것은 선거 사이에 형성된 각각의 새로운 정부에서 투표자 이데올로기의 변화와 정부 이데올로기의 변화 사이의 관계가 0.19만큼

〈표 9-4〉 선거제도의 형태로 분류한 선출된 정부와 비선출된 정부의 대응성, 1945~1997

독립변수	비례대표제	소선거구제
△VI	.89**	.85**
△VI×g_i	-.19**	-.14
g_i	.14	.97
R^2	.28	.25
N	459	136

· 모든 모델에서 등간척도로 산출된 g값(g_i=0, 1, 2, ... n)을 활용하였음
*: p〈0.05, **: p〈0.01

감소한다는 것을 의미한다. [공식 2]의 첫 번째 수정식의 결과와 함께 이러한 결과는 앞서 제시한 〈가설 5〉를 추가적으로 지지한다. 즉 투표자 이데올로기 변화와 정부 이데올로기 변화 사이의 관계는 선거 없이 형성된 정부에서보다 선거 직후 형성된 정부에서 더욱 강하게 나타날 수 있다. 그리고 이러한 관계의 강도는 시간의 흐름에 따라 각각의 새로운 정부가 형성됨으로써 약해지는 특징을 보인다.

〈표 9-4〉에서 필자는 대응성의 감소가 선거제도에 의해 매개되는지를 살펴봄으로써 정부 형성의 순서와 대응성의 관계를 좀더 심층적으로 탐구해보았다. 즉 필자는 이를 통하여 〈가설 8〉을 검증해보았다. 필자는 세 방향의 상호작용을 모델화함으로써 분석의 복잡성 문제를 해결하고, [공식 3]을(g의 등간측정지표를 사용) 소선거구제와 비례대표제 국가를 분리하여 계산함으로써 선거제도의 유형에 따른 [공식 3] 계수의 안정성을 검증해보았다. 이 분석의 결과는 〈표 9-4〉에 제시되어 있다.

일단 비례대표제를 채택하고 있는 국가들에 대한 분석의 결과는 〈표 9-3〉에서 제시한 전체 국가들을 대상으로 한 분석결과와 거의 일

치하는 특징을 보였다. 구체적으로 선거 직후 형성된 정부에서 대응성은 매우 높게 나타났다(β_1=0.89). 하지만 다음 선거가 실시되기 이전까지 형성된 각 정부에서 대응성은 0.19만큼 감소하는 특징을 보였다. 또한 소선거구제를 채택하고 있는 국가들에 있어서도 대응성은 첫 번째 정부에서 매우 높고, β_3에 대한 계수의 부호를 통하여 알 수 있듯이 대응성은 다음 선거가 실시되기 이전까지 형성된 모든 연속적인 정부에 걸쳐서 감소한다는 특징을 보였다. 하지만 비례대표제를 채택하고 있는 국가들에서 β_3에 대한 계수와는 달리 소선거구제를 채택하고 있는 국가들에서 이 계수는 통계적으로 유의미하지 않게 나타났다(p=0.42, 쌍방향 분석). 두 표본에서 β_3 계수의 방향과 크기의 유사성과 24개 전체국가들 중 소선거구제를 채택하고 있는 국가의 사례가 적다(5개 국가)는 점을 고려할 때 이처럼 통계적 유의미성이 부족하다는 점에 큰 의미를 부여하기는 어렵다. 그러므로 필자는 이 분석은 아직 전반적으로 미결정적인 상태에 있다고 생각하고자 한다.

지금부터 필자는 왜곡에 대한 분석의 결과를 제시하고자 한다. 앞서 논의한 바대로 정부 수준에서의 왜곡 $GD_i(t, g)$는 가장 최근 선거 t에서 중위투표자 이데올로기와 정부 이데올로기 사이의 절대적 거리를 측정한 것이다. 대응성과 달리 왜곡은 선거들 간의 이데올로기를 비교하지 않는다. 완벽한 일치성의 특징을 보이는 체제에서 정부의 이데올로기는 평균적으로 중위투표자의 이데올로기와 동일한 특징을 보일 것이며, $GD_i(t, g)$의 값은 0으로 나타날 것이다. 그러므로 $GD_i(t, g)$가 0으로부터 얼마나 이탈하여 있는가는 얼마나 일치성이 떨어지는가를 나타낸다.

이제 필자는 선거 사이에 새로운 정부가 구성될 경우 일치성/왜곡이 어떻게 변하는지를 살펴보기 위하여 앞서 대안적으로 정립한 〈가설 2〉, 〈가설 4〉, 〈가설 6〉을 검증해보고자 한다. 이를 위하여 필자는 선거 없이 형성된 정부를 포함한 전체정부를 대상으로 [공식 4]를 측정하였다.

$$\triangle GD_i(t, g) = \alpha_i + \beta_1 \times g_i + \mu \quad \text{[공식 4]}$$

그리고 필자는 [공식 4]를 다시 두 가지 다른 방식으로 측정하였다. 첫째, 필자는 g_i에 대해서 0 또는 1의 값만을 갖도록 하여 [공식 4]를 측정하였다. 즉 이를 통해 필자는 선거 직후 형성된 정부에서의 왜곡 수준을 선거 없이 형성된 정부에서의 왜곡 수준과 비교해보았다. 둘째, g_i=0은 선거 이후 형성된 첫 번째 정부를 나타내는 것으로, 그리고 g_i=1, 2, 3은 선거 없이 형성된 연속적인 정부를 나타내는 등간척도로 설정하여 [공식 4]를 측정하였다. 대응성에 대한 분석과 동일하게 필자는 24개 전체국가들을 대상으로, 그리고 소선거구제를 채택하고 있는 국가들과 비례대표제를 채택하고 있는 국가들을 분리하여 (〈가설 8〉의 검증) 정부 형성의 순서가 왜곡에 어떠한 영향을 미치는지 측정하였다. [공식 4]에 대한 다양한 수정식에 대한 결과는 〈표 9-5〉에 제시되어 있다.

〈표 9-5〉에서 제시된 결과는 g에 대한 측정방식, 그리고 선거제도의 유형과 상관없이 투표자-정부의 왜곡 수준은 선거 사이에서 체계적인 방식으로 변화하지 않는다는 점을 일관적으로 보여주고 있다. 다시 말해 이러한 분석의 결과는 〈가설 2〉와 〈가설 8〉을 지지한다. [공식 4]의 어떠한 수정식에서도 g의 계수는 통계적으로 유의미하지 않았다. 또한 다양한 모델을 통한 계수 부호의 명확한 패턴도 존재하지 않았다. 요약하면 어떠한 이유로 인하여 선거 사이에 대응성이 하락할 수 있지만 이것이 왜곡과 관련하여 체계적인 변화를 수반하지는 않는다고 보여진다.

〈표 9-5〉 선거제도의 형태에 의해 구분된 선출 및 비선출 정부들의 왜곡, 1945~1997

독립변수	전체	전체	비례대표제	비례대표제	소선거구제	소선거구제
g_i (0, 1)	-.72	—	.71	—	.21	—
g_i (0, 1, 2, ... n)	—	.17	—	.51	—	.01
R^2	.21	.21	.23	.23	.28	.28
N	665	665	505	505	142	142

· 각각의 회귀분석에서 종속변수는 (투표자 이데올로기－정부 이데올로기)의 절대값으로 산출한 현재의 왜곡 수준임. 모든 회귀분석은 국가의 고정효과를 포함함
*: p〈0.05, **: p〈0.01

8. 토론

이 장에서 필자는 서구 민주국가들에 대한 기존 연구가 주로 선거와 선거결과로 구성된 정부에 초점을 맞추어 진행되었기 때문에 종종 이들 민주국가에서 선거 없이 구성되는 정부에 대하여 무관심한 측면이 있었다는 점을 지속적으로 지적하였다. 실제로 24개 민주국가에서 제2차 세계대전 이후 구성된 정부들의 거의 절반이 선거 없이 구성되었음에도 불구하고 놀랍게도 이에 대한 연구가 거의 없다. 선거 없이 구성된 정부가 많이 존재하고, 이에 대한 우리들의 지식이 부족하다는 점은 이러한 정부의 특성과 행태에 대한 보다 진전된 이해를 요구한다.

하나의 장에 선거 없이 구성된 정부의 모든 측면을 분석하는 것은 가능하지 않기 때문에 필자는 이 장에서 국민들의 선호가 정부의 정책으로 전환되는 정도에 초점을 맞추어 논의를 전개하였다. 필자는 민주적 수행력에 대한 거의 모든 기존 연구가 이론적으로든 경험적

으로든 선거 직후에 구성된 정부와 이후 선거 없이 구성된 정부 간의 차이를 구분하는 데 실패하였다고 주장하였다. 그러므로 선거 없이 정부가 구성된 경우 투표자 이데올로기와 정부 이데올로기 사이의 조응성 문제는 여전히 탐구되지 않은 연구분야로 남아 있다. 이 장에서 필자는 투표자 이데올로기와 정부 이데올로기 사이의 관계에 대한 재분석을 통하여 중위투표자와 정부 사이의 대응성과 일치성에 대한 광범위한 분석을 시도하였다. 그리고 기존 연구와는 달리 필자는 선거 직후 형성된 정부와 그 이후에 형성된 정부 모두를 대상으로 하여 분석을 수행하였다.

선거 직후 형성된 정부만을 대상으로 한 분석에서 필자는 높은 수준의 반응성을 발견할 수 있었다. 선거결과로서 발생한 정부 이데올로기의 변화는 투표자 이데올로기와 일대일 방식으로 부합하였다. 또한 필자는 대응성의 수준이 선거제도 유형의 차이에 따라 별 차이를 보이지 않는다는 점도 발견하였다. 하지만 선거 사이에 형성된 정부만을 대상으로 한 분석결과는 투표자 이데올로기와 정부 이데올로기 사이의 관계가 시간이 흘러 새로운 정부들이 형성됨에 따라 감소하는 것으로 나타났다.

필자의 일치성/왜곡에 대한 분석에서 선거제도와 상관없이 투표자-정부의 왜곡 수준은 선거 사이에 형성된 정부들에 있어 체계적인 방식으로 변화하지 않는 것으로 나타났다. 우선 이러한 결과들이 모순되는 것처럼 보일 수도 있다: 일치성은 안정성을 보인 반면 대응성은 선거 사이 시간이 흘러 새로운 정부들이 형성됨에 따라 감소하는 것으로 나타났다. 그러나 위에서 강조한 것처럼 이것을 상충적인 결과들로 해석할 필요는 없다. 실제로 대응성과 일치성은 개념적으로 구분되기 때문에 같은 방향으로 변화할 필요는 없는 것이다. 왜곡은 이전 선거에서 중위투표자의 이데올로기와 정부의 이데올로기가 얼마나 근접해있는가를 나타낸다. 대응성은 두 선거주기에 걸쳐 나타나는 투표자 이데올로기 변화와 정부 이데올로기 변화 사이의 조응성을 나타낸다. 전자는 정태적이고, 후자는 동태적이다. 그러므로 일치성과 대응성은 같이 방식으로 변할 수도 있고, 그렇지 않을 수도 있다.

이 장에서 제시한 분석들 중 단지 대응성에 대한 분석결과만을 고려하여 정당은 선거 직후부터 그 이후 시간이 흐르면서 중위투표자의 이데올로기에 더욱 관심을 기울이는 경향을 보일 수 있다고 잘못된 결론을 내릴 수도 있다. 그러나 일치성/왜곡에 대한 필자의 분석결과를 고려할 때 이처럼 성급한 결론을 내리는 것에 주의를 해야 할 필요가 있다. 일치성은 안정적인 특성을 보이는 반면 대응성은 시간이 흐름에 따라 감소하는 경향을 보이기 때문에 거기에는 상충하는 두 종류의 힘들이 작용할 가능성이 다분히 존재한다.

많은 경우에 있어서 감소하는 대응성은 현재의 선거주기에서 일치성을 유지 혹은 향상시키려는, 즉 정부 이데올로기를 중위투표자 이데올로기에 근접하게 이동시키려는 정치인들의 노력에 의해서 발생할 수 있다. 최근의 두 선거 사이에서 투표자 이데올로기 변화의 폭과 방향에 따라서 이러한 노력은 대응성의 감소를 야기할 수도 있을 것이다. 이러한 상충적인 힘은 완벽한 대응성이나 일치성이 애초에 없더라도 존재할 수 있다. 어떠한 조건 하에서 이러한 일치성과 대응성이 다르게 혹은 비슷하게 작용하는지를 분석하는 것은 흥미로운 일이다. 하지만 이러한 작업은 이 장의 분석범위를 벗어나는 일이므로 향후 연구과제로 남겨 놓고자 한다.

앞서 밝힌 바 있듯이 필자는 서구 민주국가들의 민주적 수행력에 대한 기존 연구들이 선거와 그 결과로 형성된 정부에만 초점을 맞추어 진행되었다는 점에 대한 지적을 통하여 향후 진행될 연구들에서 선거 사이에 선거 없이 형성된 정부를 분석대상에 포함시켜야 필요가 있다는 점을 보여주었다. 이 장에서 진행한 필자의 연구는 선거를 치르지 않고 형성된 정부들에 대하여, 그리고 일반적인 차원에서는 서구 민주국가들에 대하여 보다 나은 이해를 도모할 수 있는 작은 도약이 될 것이다.

맺는 말

서문에서 필자는 매니페스토가 개인의 선거공약보다는 훨씬 더 광범위한 의미를 지니며, 정당이 선거에 임하여 집권하게 되면 어떤 정책을 펼쳐 보이겠다고 투표자들에게 약속하는 문서라고 정의하였다.

이 책에서 필자는 비교 매니페스토 그룹이 서구 25개국에서 약 50여 년에 걸쳐 출판된 매니페스토를 수집하고 분석한 데이터를 소개하였다. 필자가 서문에서 논술한 것처럼 매니페스토에 대한 연구는 광범위하게 보아 다음의 두 가지 종류의 혜택을 동반한다. 첫째는 어떤 정당이 선거 전에 매니페스토의 형태로 약속한 것들을 실행하였는가를 살펴봄으로써 국민과의 약속을 지키지 않는 정당을 가려내는 단기간의 혜택이다. 이러한 문제는 언론이나 시민단체 혹은 특정 정당의 연구자가 비교적 정확하게 밝힐 수 있는 문제라고 보고, 이 책은 매니페스토의 두 번째 혜택영역, 즉 장기적 혜택의 연구에 치중하였다.

이 책에서 보였듯이 우리는 매니페스토를 통하여 정당의 이데올로기적 성향뿐만 아니라 각 국가의 투표자, 의회, 그리고 정부의 이데올로기적 성향과 그 변화까지도 유추할 수 있다. 물론 이를 위해서는 매니페스토 데이터에 대한 창의적인 접근방법이 필요하였다. 사실 이러한 새로운 접근을 통하여 또 하나의 연구의 장을 여는 것이 학자의 역할이라고 하겠다. 각 국가의 정당, 투표자, 의회, 정부의 이데올로기적 변화를 추적하고 비교하는 것 자체가 이미 가치 있는 연구의 소재이다. 뿐만 아니라 이 책에서 소개된 이데올로기의 지표들은 미국과 유럽의 학계에서도 또 다른 정치나 경제 현상을 설명하기 위한 독립변수로 널리 사용되고 있다.

앞의 제7장과 제8장에서는 매니페스토를 사용하여 만든 투표자 이데올로기 측정지표를 종속변수로 사용하여 어떤 국내적 · 국제적 요소가 사회 구성원의 이데올로기를 변화하게 하는가를 살펴보았다. 같은 방법을 사용하여 우리는 투표자뿐만 아니라 정당, 의회, 정부의 이데올로기를 움직이는 요소들에 대해서도 충분한 연구를 할 수가 있게 되었다.

필자가 지난 18년간의 강의생활을 통하여 대학원생들로부터 흔히 듣는 이야기 중에 하나가 논문을 쓸 주제를 찾기가 어렵다는 것이다. 거기에 대한 필자의 반응은 항상 학생들이 다른 이들의 연구에 대한 독서량이 부족하다는 것이다. 우리가 다른 이들이 연구하여 놓은 것, 만들어놓은 새로운 개념과 방법론 등에 대하여 제대로 된 이해를 가지고 있으면 우리 주변에 연구되어지지 않은 주제나 새로운 개념과 방법을 가지고 재조명할 수 있는 주제는 얼마든지 널려 있다. 또 이미 존재하는 개념이나 접근방법에 대한 정확한 이해가 있으면 본인이 새로운 개념이나 지수를 개발하는 일도 한결 용이하게 된다.

수년간 필자는 필자의 매니페스토 연구에 대한 가장 큰 기여가 투표자의 이데올로기를 측정할 수 있는 지표를 만든 것이라고 생각하였다. 그 이전까지는 설문조사 데이터의 문제점들로 인하여 여러 국가의 투표자(투표자, 선거인, 국민 등)의 이데올로기 성향을 비교하는 것이 거의 불가능하였다. 더군다나 장기간의 이데올로기적 경향을 비교할 수 있는 데이터는 존재하지 않았다. 그런 가운데 각 국가간의 직접 비교가 가능하고 50년에 가까운 기간을 커버하는 투표자 이데올로기 측정지표가 매니페스토 자료를 이용해서 만들어진 것은 획기적인 일이었다.

그러나 이 투표자 이데올로기 측정지표와 의회 및 정부의 이데올로기 측정지표들로 인하여 그보다도 더 큰 연구분야가 열렸으니, 바로 각 국가의 민주주의 성취도에 관한 연구이다. 대의민주주의란 결국 국민의 대표가 국민이 원하는 정책을 입안하고 집행하는 것이다. 다시 말해서 투표자의 이데올로기적 성향이 의회와 정부의 이데올로기에 잘 반영되는 국가가 더 발전한 민주체제를 가진 국가인 것이다. 우리가 서구 "민주주의"라고 부르는 국가들의 민주주의 성취도가 다 같지 않은 것이다. 그렇다면 우리는 투표자 이데올로기 측정지표와 의회 및 정부의 이데올로기 측정지표의 거리를 비교함으로써 각 국가의 민주주의 성취도를 진단할 수 있다. 또 이를 비교연구함으로써 어떠한 형태의 선거제도나 정당체계가 민주주의의 성취도를 높이는가에 대한 이해도 더하게 되었다. 결국 매니페스토의 연구와 신제도주의(*Neo-institutionalism*)의 접점이 생겨난 것이다. 매니페스토는 진정으로 우리가 지금까지 이해하고 있던 것보다 훨씬 더 강력한 개념적 도구인 것이다.[1)]

---

1) 현재 미국의 한 학술지에서 심사를 받고 있는 관계로 이 책에 삽입하지는 못하였으나, 필자는 두 공동연구자와 함께 선거제도, 체제내 정당의 수와 정당 이념의 다변화(*party polarization*)가 민주주의 성취도에 주는 영향에 대한 논문을 발표하였다(Kim, Powell, Fording 2006). 이 논문은 필자의 웹사이트에서 다운로드를 받아볼 수 있다.

필자는 제9장에서 또 한 가지의 독특한 연구를 소개하였다. 우리나라와 같이 대통령제를 실시하고 있는 국가에서는 대통령선거를 통하여 정권이 바뀐다. 그러나 서구 민주국가들을 보면 순수 대통령제를 채택하고 있는 국가는 거의 없다. 대부분의 서구 민주국가들이 내각책임제를 채택하거나 내각책임제와 대통령제의 혼합형을 채택하고 있다. 그 말은 선거를 통하지 않고도 정권이 바뀔 수 있다는 이야기이다. 즉 선거 없이도 정당 간의 협상을 통하여 정권을 바꿀 수 있는 것이 비대통령제의 특성이다. 제9장에서 살펴보았듯이 제2차 세계대전 이후 현재까지 서구 정부의 거의 절반 가까이가 선거 없이 탄생하였다. 그럼에도 불구하고 정치학에서 선거의 중요성을 강조해 왔기 때문에 선거 없이 출범한 정부에 대한 연구가 북미나 유럽에서도 거의 전무하다. 이 점에 착안하여 제9장에서 필자는 선거 이후 출범한 정부와 선거 없이 출범한 정부의 민주주의 성취도가 다른지, 또 정부가 출범하고 세월이 흐르면 그 정부의 민주주의 성취도가 일반적으로 떨어지는지를 연구하였다. 실로 매니페스토의 연구로 시작된 새로운 연구분야에서 정치학자나 다른 사회과학자들이 할 수 있는 연구는 무궁무진하며, 가야할 길 또한 멀다고 하겠다.

이 책을 통하여 한국에서 매니페스토와 그 중요성에 대한 이해가 지금보다도 더 많이 생기길 바란다. 그리고 매니페스토와 민주주의의 연결고리에 대한 이해 증진으로 인하여 한국의 정당들이 선거 때마다 형식적으로 만들었다가 잊어버리는 이벤트성 발표문이 아닌 국민들에게 겸허하게 약속하는 문서로서의 매니페스토의 발간을 시작하고 지속해가길 바란다. 그리하여 이러한 진정한 의미의 매니페스토가 충분히 축적되면, 한국정치 전문가와 사회과학자들이 한국 정당의 매니페스토와 한국의 민주주의 성취도에 대한 연구를 할 수 있는 날이 올 것이다.

참고문헌

Achen, C. H. 1975. "Mass political attitudes and the survey response." *American Political Science Review* 69: 1218-1231.

Aldrich, J., and M. McGinnis. 1987. "A model of party constraints on optimal candidate position." Duke University Program in International Political Economy, Working Paper No. 30.

Alt, J. E. 1985. "Political parties, world demands and unemployment: Domestic and international sources of economic activity." *American Political Science Review* 79: 1016-1040.

Alvarez, R. M., G. Garrett, and P. Lange. 1991. "Government partisanship, labor organization and macroeconomic performance." *American Political Science Review* 85: 539-556.

Austen-Smith, D., and J. Banks. 1988. "Elections, coalitions, and legislative outcomes." *American Political Science Review* 82: 405-422.

Bae, Chinsoo. 1992. *Parity versus preponderance: An analysis of the escalation of minor-minor power crises, 1946-1985*. Ph. D. Dissertation, Florida State University.

Bark, D. L., and D. R. Gress. 1989. *Democracy and its discontents*, 1963-1988. Basil: Blackwell.

Barnes, S. M., F. Grace, J. K. Pollack, and P. W. Sperlich. 1964. "The German party system and the 1961 federal election." *American Political Science Review* 56: 899-914.

Barry, B. 1965. *Political argument*. London: Routledge and Kegan Paul.

_____. 1975. *Sociologists, economists and democracy*. London: Collier-Macmillan.

Bartolini, S., and P. Mair. 1990. *Identity, competition and electoral availability: The stabilization of European electorates*. Cambridge: Cambridge University Press.

Beck, N., and J. N. Katz. 1995. "What to do (and not to do) with time-series cross-section data in comparative politics." *American Political Science Review* 89: 634-647.

Beck, N., J. N. Katz, R. M. Alvarez, G. Garret, and P. Lange. 1993. "Government partisanship, labor organization and macroeconomic performance: A corrigendum." *American Political Science Review* 87: 943-948.

Bell, D. 1962. *The end of ideology*. New York: Random House.

Berelson, B. 1952. *Content analysis in communications research*. Glencoe: The Free Press.

_____. 1954. "Content analysis." In G. Lindzey, ed. *Handbook of social psychology, volume*. 1. Reading, MA: Addison-Wesley.

_____. 1971. *Content analysis in communications research*. New York: Hafner.

Berry, W. D., and D. Lowery. 1987. *Understanding United States government growth: An empirical analysis of the postwar era*. New York: Praeger.

Black, J. H. 1978. "The multicandidate calculus of voting: Application to Canadian federal elections." *American Journal of Political Science* 22: 609-638.

Blais, A., D. Blake, and S. Dion. 1993. "Do parties make difference? Parties and the size of government in liberal democracies." *American Journal of Political Science* 37: 40-62.

_____. 1996. "Do parties make difference? A reappraisal." *American Journal of Political Science* 40: 514-520.

Bohrnstedt, G. W., and D. Knoke. 1982. *Statistics for social data analysis*. Itasca, IL: F.E. Peacock Publishers.

Bowler, S. 1990. "Voter perceptions and party strategies: An empirical approach." *Comparative politics* 23: 61-83.

Browne, E. C., D. W. Gleiber, and C. Mashoba. 1984. "Evaluating conflict of interest theory: Western European cabinet coalitions, 1945-80." *British Journal of Political Science* 14: 1-32.

Budge, I. 1992. *ECPR party manifestos project* [computer file], 3rd edition. Colchester: ESCR Data Archive.

_____. 1994. "A new spatial theory of party competition: Uncertainty, ideology and policy equilibria viewed comparatively and temporally." *British Journal of Political Science* 24: 443-467.

_____. 2000. "Expert judgements of party policy positions: Uses and limitations in political research." *European Journal of Political Research* 37: 103-113.

Budge, I., and D. J. Farlie. 1977. *Voting and party competition*. London & New York: Wiley.

_____. 1978. "The potentiality of dimensional analyses for explaining voting and party competition." *European Journal of Political Research* 6: 203-231.

Budge, I., and D. Robertson. 1987. "Do parties differ, and how? Comparative discriminant and factor analyses." In I. Budge, D. Robertson, and D. Hearl, eds. *Ideology, strategy and party change: Spatial analyses of post-war election programmes in 19 democracies*. Cambridge: Cambridge University Press.

Budge, I., D. Robertson, and D. Hearl, eds. 1987. *Ideology, strategy and party change: Spatial analyses of post-war election programmes in 19 democracies*. Cambridge: Cambridge University Press.

Budge, I., and H. Keman. 1990. *Parties and democracy: Coalition formation and government functioning in twenty states*. Oxford: Oxford University Press.

Budge, I., H. -D. Klingemann, A. Volkens, J. Bara, and E. Tanunbaum. 2001. *Mapping preferences: Parties, electors, and governments, 1945-1998*. London: Oxford University Press.

Budge, I., and R. I. Hofferbert. 1990. "Mandates and policy outputs: US party platforms and government expenditures." *American Political Science Review* 84: 111-131.

_____. 1992. "The party mandate and the Westminster model: Election programmers and government spending in Britain." *British Journal of Political Science* 22: 151-182.

Bueno de Mesquita(BDM), B. 1981. *The War trap.* New Haven: Yale University Press.

Bueno de Mesquita(BDM), B., and D. Lalman. 1992. *War and reason: Domestic and international imperatives.* New Haven: Yale University Press.

Cain, B. E. 1978. "Strategic voting in Britain." *American Journal of Political Science* 22: 639-655.

Calvert, R. L. 1985. "Robustness of the multidimensional voting model: Candidate motivation, uncertainty, and convergence." *American Journal of Political Science* 29: 69-95.

Cameron, D. R. 1978. "The expansion of the public economy: A comparative analysis." *American Political Science Review* 72: 1243-1261.

_____. 1984a. "Social democracy, corporatism, and labor quiescence in advances capitalist society." In J. Goldthorpe, ed. *Order and conflict in Western capitalism.* London: Oxford University Press.

_____. 1984b. "The politics and economics of the business cycle." In T. Ferguson, and J. Rogers, eds. *The political economy.* Armonk, NY: M.E. Sharpe, Inc.

Carr, E. H. 1939. *The Twenty Years Crisis: 1919~1939.* New York: Harper & Row.

Castles, F. G. 1990. "The dynamics of policy change: What happened to the English-speaking nations in the 1980s." *European Journal of Political Research* 18: 491-513.

_____. 1994. "On religion and public policy: Does Catholicism make a difference?" *European Journal of Political Research* 25: 19-40.

_____. 1998. *Comparative public policy.* Cheltenham: Edward Elgar.

Castles, F. G., and R. D. McKinlay. 1979. "Does politics matter? An analysis of the public welfare commitment in advanced democratic states." *European Journal of Political Research* 7: 169-186.

Castles, F. G., and P. Mair. 1984. "Left-right political scales: Some 'expert' judgments." *European Journal of Political Research* 12: 73-88.

Chafee, S. H., and J. L. Hochheimer. 1985. "The beginnings of political communication research in the United States." In M. Gurevitch, and M. R. Levy, eds. *Mass communications yearbook 5*. Beverley Hills, CA: Sage.

Clayton, J. L. 1976. "The fiscal limits of the welfare-welfare state: Defense and welfare spending in the United States since 1900." *The Western Political Quarterly* 29: 364-383.

Cox, G. W. 1990. "Centripetal and centrifugal incentives under alternative voting institutions." *American Journal of Political Science* 34: 903-935.

Crepaz, M. M. 1992. "Corporatism in decline?" *Comparative Political Studies* 25: 139-168.

Cusack, T. R., and G. Garrett. 1993. *The expansion of the public economy revisited: The politics of government spending, 1960-1988*. Photocopy. Berlin: Wissenschaftszentrum.

Dodd, L. C. 1976. *Coalitions in Parliamentary Government*. Princeton: Princeton University Press.

Domke, W. K., R. C. Eichenberg, and C. M. Kelleher. 1983. "The illusion of choice: Defense and welfare in advanced industrial democracies, 1948~1978." *American Political Science Review* 77: 19-35.

Downs, A. 1957. *An economic theory of democracy*. New York: Harper & Row.

Durr, R. H. 1993. "What moves policy sentiment?" *American Political Science Review* 87: 158-170.

Duverger, M. 1963. *Political parties: Their organization and activity in the modern state*. New York: John Wiley & Sons.

Economic report of the president. February, 1983. Washington, D.C.: U.S.G.P.O.

Eichenberg, R. D., and R. J. Dalton. 1993. "Europeans and the European community: The dynamics of public support for European integration." *International Organization* 47: 507-534.

Enelow, J. M., and M. J. Hinich. 1984. *The spatial theory of voting: An introduction*. New York: Cambridge University Press.

Erikson, R., M. McKuen, and J. Stimson. 2001. *The macro policy*. Cambridge: Cambridge University Press.

Esping-Andersen, G. 1990. *The three worlds of welfare capitalism*. Cambridge: Cambridge University Press.

Eurobarometer. 1979; 1983; 1987.

Fisher, S. L. 1973. "The wasted vote thesis: West German evidence." *Comparative Politics* 5: 293-299.

Franklin, Mark. 1985. *The decline of class voting in Britain: Changes in the basis of electoral choice, 1964-1983*. Oxford: Clarendon.

Frey, B. 1978. "Politico-economic models and cycles." *Journal of Public Economics* 2: 203-220.

Fuchs, D., and H. -D. Klingemann. 1990. "The left-right schema." In M. Kent Jennings et al., eds. *Continuities in political action*. Berlin: Walter de Gruyter.

Fukuyama, F. 1991. *The end of history and the last man*. New York: The Free Press.

Gabel, M. J., and J. D. Huber. 2000. "Putting parties in their place: Inferring party left-right ideological positions from manifestos data." *American Journal of Political Science* 44: 94-103.

Garrett, G., and P. Lange. 1986. "Performance in a hostile world: Domestic and international determinants of economic growth in the advanced capitalist democracies, 1974-1982." *World Politics* 38: 517-545.

_____. 1989. "Government partisanship and economic performance." *Journal of Politics* 51: 676-693.

Gelman, A., and G. King. 1994. "Enhancing democracy through legislative redistricting." *American Political Science Review* 88: 541-559.

Ghosen, F., and G. Palmer. 2003. "Codebook for the militarized interstate dispute data, version 3.0." Online: http://cow2.la.psu.edu.

Golden, D. G., and J. M. Poterba. 1980. "The price of popularity: The political business cycle reexamined." *American Journal of Political Science* 24: 696-714.

Goodhart, CAE., and R. J. Bahansali. 1970. "Political economy." *Political Studies* 18: 43-106.

Groffman, B. 2004. "Downs and two-party convergence." *Annual Review of Political Science* 7: 25-46.

Gross, D. A., and L. Sigelman. 1984. "Comparing party systems: A multidimensional approach." *Comparative Politics* 16: 463-479.

Gujarati, D. N. 2003. *Basic Econometrics*. Boston: McGraw-Hill.

Hibbs, Jr, D. A. 1977. "Political parties and macroeconomic policy." *American Political Science Review* 71: 1467-1487.

Hicks, A. M. 1988. "Social democratic corporatism and economic growth." *Journal of Politics* 50: 677-704.

Hicks, A. M., and W. D. Patterson. 1989. "On the robustness of the left corporatist model of economic growth." *Journal of Politics* 51: 662-675.

Hicks, A. M., and D. H. Swank. 1984. "On the political economy of welfare expansion: A comparative analysis of 18 advanced capitalist democracies." *Comparative Political Studies* 17: 81-121.

_____. 1992. "Politics, institutions, and welfare spending in industrialized democracies, 1960-1982." *American Political Science Review* 86: 658-674.

Hicks, A. M., D. H. Swank, and M. Ambuhl. 1989. "Welfare expansion revisited: Policy routines and their mediation by party, class, and crisis, 1957-1982." *European Journal of Political Research* 17: 401-430.

Hofferbert, R. I., and H. -D. Klingemann. 1990. "The policy impact of party programmes and government declarations in the federal republic of Germany." *European Journal of Political Research* 18: 277-304.

Host, V., and M. Paldam. 1990. "An international elements in the vote?: A comparative study of 17 OECD countries, 1948-85." *European Journal of Political Research* 18: 221-239.

Huber, J. D. 1989. "Values and partisanship in left-right orientations: Measuring ideology." *European Journal of Political Research* 17: 599-621.

Huber, J. D., and G. B. Powell, Jr. 1994. "Congruence between citizens and policymakers in two visions of liberal democracy." *World Politics* 46: 291-326.

Huber, J. D., and M. J. Gabel. 2000. "Putting parties in their place: Inferring party left-right ideological positions from manifestos data." *American Journal of Political Science* 44: 94-103.

Huber, J. D., and R. Inglehart. 1995. "Expert interpretations of party space and party locations in 42 societies." *Party Politics* 1: 73-111.

Inglehart, R. 1977. *The silent revolution: Changing values and political styles among Western publics*. Princeton, NJ: Princeton University Press.

_____. 1984. "The changing structure of political cleavages in Western society." In R. J. Dalton, S. Flanagan, and P. A. Beck, eds. *Electoral change in advanced industrial democracies: Realignment or dealignment?* Princeton: Princeton University Press.

_____. 1990. *Culture shift in advanced industrial society*. Princeton, NJ: Princeton University Press.

Inglehart, R., and H. -D. Klingemann. 1976. "Party identification, ideological preference and the left-right dimension among Western mass publics." In I. Budge, I. Crewe, and D. Farlie, eds. *Party identification and beyond: Representations of voting and party competition*. London: John Wiley and Sons.

Iyengar, S. 1993. "Agenda setting and beyond: Television news and the strength of political issues." In W. Riker, ed. *Agenda formation*. Ann Arbor: University of Michigan Press.

Jackman, R. W. 1986. "Elections and the democratic class struggle." *World Politics* 39: 123-146.

_____. 1987. "The politics of economic growth in the industrial democracies, 1974-80: Leftist strength or North Sea oil?" *Journal of Politics* 49: 242-256.

_____. 1989. "The politics of economic growth, once again." *Journal of Politics* 51: 646-661.

Jacoby, W. G. 1995. "The structure of ideological thinking in the American electorate." *American Journal of Political Science* 39: 314-335.

Janda, K. 1980. *Political parties: A cross-national survey*. New York: Free Press.

Jesse, N. G. 1995. *The single transferable vote and Duverger's law: Impact and effect on party systems*. Ph. D. dissertation, University of California, Los Angeles.

Jones, D. M., S. A. Bremer, and J. D. Singer. 1996. "Militarized interstate disputes, 1816-1992: Rationale, coding rules and empirical patterns." *Conflict Management and Peace Science* 15: 163-213.

Keman, H. 1984. "Politics, policies, and consequences: A crass-national analysis of public policy formation in advanced capitalist democracies, 1967-1981." *European Journal of Political Research* 12: 147-170.

_____. 1997. "Does politics matter? A perennial question!" *European Journal of Political Research* 31: 159-164.

Kim, HeeMin, and R. C. Fording. 1997. "Does tactical voting matter? A predictive model of tactical voting in Canada, New Zealand, and the United Kingdom." Paper presented at the annual meeting of the Public Choice Society, San Francisco, USA.

_____. 1998. "Voter ideology in Western democracies, 1946-1989." *European Journal of Political Research* 33: 73-97.

_____. 2001a. "Does tactical voting matter?: The political impact of tactical voting in recent British elections." *Comparative Political Studies* 34: 294-311.

_____. 2001b. "Extending party estimates to governments and electors." In I. Budge. et al. *Mapping policy preferences: Estimates for parties, electors, and governments, 1945-1998.* London: Oxford University Press.

_____. 2001c. "Voter ideology, the economy and the international environment in Western democracies, 1952-1989." *Political Behavior* 23: 53-73.

_____. 2002. "Government partisanship in Western democracies, 1945-1998." *European Journal of Political Research* 41: 165-184.

_____. 2003. "Voter ideology in Western democracies: An update." *European Journal of Political Research* 42: 95-105.

_____. 2005. "Party manifesto data and measures of ideology in Western democracies." Published on-line to describe data sets placed at: http://garnet.acns.fsu.edu/~hkim.

Kim, HeeMin, and T. Kostadinova. 2004. "Does tactical voting matter?: The political impact of tactical voting in recent Canadian elections." Unpublished manuscript, Florida State University and Florida International University.

Kim, HeeMin, G. B. Powell, Jr., and R. C. Fording. 2006. "Party systems and substantive representation in Western democracies: Static and dynamic performance" Presented at the annual meeting of the Midwest Political Science Association.

Kim, HeeMin, and R. C. Fording. 2006. "Do voter preferences matter between elections?: Democratic performance in Western democracies." Presented at the annual meeting of the American Political Science Association.

Kirchheimer, O. 1966. "The transformation of Western European party systems." In J. Lapalombara, and M. Weiner, eds. *Political party and political development*. Princeton, NJ: Princeton University Press.

Kitschelt, H. 1994. *The transformation of European social democracy*. New York: Cambridge University Press.

Klingemann, H. -D., R. I. Hofferbert, and I. Budge. 1994. *Parties, policies and democracy*. Boulder, CO: Westview Press.

Klingemann, H. -D., and W. W. Lammers. 1984. "The 'general policy liberalism' factor in American state politics." *American Journal of Political Science* 28: 598-610.

Knutsen, O. 1988. "The impact of structural and ideological party cleavages in Western European democracies: A comparative empirical analysis." *British Journal of Political Science* 18: 323-352.

Korpi, W. 1989. "Power, polotocs, and state autonomy in the development of social citizenship: Social rights during sickness in eighteen OECD countries since 1930." *American Sociological Review* 54: 309-328.

Kramer, G. M. 1971. "Short-term fluctuations in U.S. voting behavior, 1896-1964." *American Political Science Review* 65: 131-143.

Krouwel, A. 1998. *The catch-all party in Western Europe: A study in arrested development*. Amsterdam: CT Press.

Lancaster, T. D. and M. Lewis-Beck. 1986. "The Spanish vote: Tradition, economics, ideology." *Journal of Politics* 48: 648-674.

Langford, T. 1991. "Left/right orientation and political attitudes: A reappraisal and class comparison." *Canadian Journal of Political Science* 24: 475-499.

Lange, P., and G. Garrett. 1987. "The politics of growth: Strategic interaction and economic performance in the advanced industrial democracies, 1974-1980." *Journal of Politics* 47: 792-827

_____. 1987. "The politics of growth reconsidered." *Journal of Politics* 49: 257-274

Laponce, J. 1981. *Left and right: The topography of political perceptions*.

Toronto: University of Toronto Press.

Lasswell, H., and A. Kaplan. 1952. *Power and society: A framework for political inquiry*. New Haven: Yale University Press.

Lasswell, H., D. Lerner, and I. de S. Pool. 1952. *The comparative study of symbols*. Stanford, CA: Stanford University Press.

Lasswell, H., and N. Leites. 1965. *Language of politics: Studies in quantitative semantics*. New York: George W. Steven.

Laver, M., and I. Budge, eds. 1993. *Party policy and coalition government in Western Europe*. London: Macmillan.

Laver, M., and J. Garry. 2000. "Estimating policy positions from political texts." *American Journal of Political Science* 44: 619-634

Laver, M., K. Benoit, and J. Garry. 2003. "Extracting policy positions from political texts using words ad data." *American Political Science Review* 97: 311-331.

Laver, M., and N. Schofield. 1990. *Multiparty government: The politics of coalition in Europe*. Oxford: Oxford University Press.

Laver, M., and W. B. Hunt. 1992. *Policy and party competition*. New York and London: Routledge.

Leeds, B. A., A. G. Long, and S. M. Mitchell. 2000. "Reevaluating alliance reliability: Specific threats, specific promises." *Journal of Conflict Resolution* 44: 686-699.

Leeds, B. A., J. M. Ritter, S. M. Mitchell, and A. G. Long. 2002. "Alliance treaty obligations and provisions, 1815-1944." *International Interactions* 28: 237-260.

Levitin, T. E., and W. E. Miller. 1979. "Ideological interpretations of presidential elections." *American Political Science Review* 73: 751-771.

Lewis-Beck, M. 1988. *Economics and elections*. Ann Arbor: University of Michigan Press.

Lewis-Beck, M., and T. W. Rice. 1985. "Government growth in the United States." *Journal of Politics* 47: 2-27.

Lijphart, A. 1984. Democracies: *Patterns of majoritarian and consensus government in twenty-one countries*. New Haven: Yale University Press.

_____. 1999. *Patterns of democracy: Government forms and performance in thirty six countries*. New Haven: Yale University Press.

Lipset, S. M., and S. Rokkan. 1967. "Cleavage structures, party systems and voter alignments: An introduction." In S. M. Lipset, and S. Rokkan, eds. *Party systems and voter alignments*. New York: Free Press.

Luebbert, G. 1986. *Comparative democracy: Policy-making and government coalitions in Europe and Israel*. New York: Columbia University Press.

Mackie, T. T., and R. Rose, 3rd eds. 1990. *The international almanac of electoral history*. Washington, D.C.: Congressional Quarterly, Inc.

Madge, J. 1953. *The tools of social science*. London: Longman.

Mahler, G. S. 1995. *Comparative politics: An institutional and cross-national approach*. Englewood Cliffs, NJ: Prentice Hall.

Mainwaring, S., and T. R. Scully. 1995. *Building democratic institutions: Party systems in Latin America*. Stanford: Stanford University Press.

Martin, L., and R. Stevenson. 2001. "Government formation in parliamentary democracies." *American Journal of Political Science* 45: 33-50.

McDonald, M. D. 2002. Median Voters, 1950-1995. Codebook available at http://www.binghamton.edu/polsci/research/mcdonalddata.htm.

McDonald, M. D., I. Budge, and R. Hofferbert. 1999. "Party mandate theory and time series analysis." *Electoral Studies* 18: 587-596.

McDonald, M. D., and S. M. Mendes. 2001. "The policy space of manifestoes." In M. Laver, ed. *Estimating the policy positions of collective actors*. London: Routledge.

_____. 2002. *Parties in parliaments and government*, 1950-1995. Codebook available at http://www.binghamton.edu/ polsci/research/mcdonalddata.htm

McDonald, M. D., and S. M. Mendes. N.d. "The policy space of party manifestoes." In M. Laver, ed. *The policy space of political actors*. London: Routledge.

McDonald, M., S. M. Mendes, and I. Budge. 2004. "What are elections for? Conferring the median mandate." *British Journal of Political Science* 34: 1-26.

McKelvey, R. D., and P. C. Ordeshook. 1990. "A decade of experimental research on spatial models of elections and committees." In J. M.

Enelow, and M. J. Hinich, eds. *Advances in the spatial theory of voting*. Cambridge: Cambridge University Press.

Miller, A. S. 1992. "Are self-proclaimed conservatives really conservative? Trends in attitudes and self-identification among the young." *Social Forces* 71: 195-210.

_____. 1994. "Dynamic indicators of self-perceived conservatism." *Sociological Quarterly* 35: 175-182.

Miller, S. 1977. "News coverage of congress: The search for the ultimate spokesman." *Journalism Quarterly* 54: 459-465.

Mitchell, M. 1913. *Business cycles*. Berkeley and Los Angeles: University of California Press.

Mintz, A. 1989. "Guns versus butter: A disaggregated analysis." *American Political Science Review* 83: 1285-1293.

Monroe, B. L., and A. G. Rose. 2002. "Electoral systems and unimagined consequences: Partisan effects of districted proportional representation." *American Journal of Political Science* 46: 67-89.

Moon, B. E., and W. J. Dixon. 1985. "Politics, the state and basic human needs: A cross-national Study." *American Journal of Political Science* 29: 661-694.

Morgan, M. -J. 1976. *The modelling of governmental coalition formation: A policy-based approach with interval measurement*. Ph. D. Dissertation, University of Michigan.

Morrow, J. D. 1991. "Alliance and assymetry: An alternative to the capability aggregation model of alliances." *American Journal of Political Science* 35: 904-933.

_____. 1994. "Alliances, credibility and peacetime costs." *Journal of Conflict Resolution* 38: 270-297.

Namenwirth, J. Z. 1969. "Some long and short-term trends in one American political value: A computer analysis of concern with wealth in 62 party platforms." In G. Gerbner, ed. *The analysis of communication conflict*. New York: John Wiley.

Namenwirth, J. Z., and H. Lasswell. 1970. *The changing language of American values: A computer study of selected party platforms*. Beverley Hills, CA:

Sage.

Namenwirth, J. Z., and T. L. Brewer. 1966. "Elite editorial comment on the European and Atlantic communities in 4 countries." In P. J. Stone, D. C. Dunphy, M. S. Smith, and D. M. Ogilvie, eds. *The general inquirer: A computer approach to content analysis*. Cambridge, Mass: MIT Press.

Nie, N. H., S. Verba, and J. R. Petrocik. 1976. *The changing American voter*. Cambridge: Harvard University Press.

Niemi, R. G., G. Whitten, and M. N. Franklin. 1992. "Constituency characteristics, individual characteristics and tactical voting in the 1987 British general election." *British Journal of Political Science* 22: 229-254.

North, R. C., O. R. Holsti, M. G. Zaninovitch, and D. A. Zinnes. 1963. *Content analysis: A handbook with applications for the study of international crisis*. Evanston: Northwestern University Press.

Oatley, T. 1999. "How constraining is capital mobility? The partisan hypothesis in an open economy." *American Journal of Political Science* 43: 1003-1027.

Paldam, M. 1991. "How robust is the vote function?: A study of seventeen nations over four decades." In H. Norpoth, M. Lewis-Beck, and J. D. Lafay, eds. *Economics and politics: The calculus of support*. Ann Arbor: University of Michigan Press.

Palfrey, T. T. 1984. "Spatial equilibrium with entry." *Review of Economic Studies* 51: 139-156.

Pampel, F., and J. B. Williamson. 1988. "Welfare spending in advanced industrial democracies, 1958-1980." *American Journal of Political Science* 43: 1424-1456.

Percheron, A., and Jennings, M. K. 1981. "Political continuities in French families." *Comparative Politics* 13: 421-436.

Peroff, K., and M. Podolak-Warren. 1979. "Does spending on defense cut spending on health?" *British Journal of Political Science* 9: 21-39.

Persson, T., and G. Tabellini. 2000. *Political economics: Explaining economic policy*. Cambridge, MA: The MIT Press.

Pool, I. de S. 1961. *Symbols of internationalism*. Stanford, CA: Stanford University Press.

Powell, G. B. 1982. *Contemporary democracies: Participation, stability and violence*. Cambridge: Harvard University Press.

_____. 1986. "Extremist parties and political turmoil: Two puzzles." *American Journal of Political Science* 30: 357-378.

_____. 2000. *Elections as instruments of democracy: Majoritarian and proportional visions*. New Haven: Yale University Press.

_____. 2005. "Democracy in the West: Still working?" Presented at the Annual Meeting of the American Political Science Association, Washington, D.C.

_____. 2006. "Election laws and representative governments: Beyond votes and seats." *British Journal of Political Science* 36: 291-315.

Powell, G. B., and G. D. Whitten. 1993. "A cross-national analysis of economic voting: Taking account of the political context." *American Journal of Political Science* 37: 391-414.

Powell, G. B., and G. S. Vanberg. 2001. "Election laws, disproportionality and median correspondence: Implications for two visions of democracy." *British Journal of Political Science* 30: 239-274.

Przeworski, A., and G. A. D. Soares. 1971. "Theories in search of a curve: A contextual interpretation of left vote." *American Political Science Review* 65: 51-68.

Rabinowitz, G., P. H. Gurian, and S. E. MacDonald. 1984. "The structure of Presidential elections and the process of realignment, 1944 to 1980." *American Journal of Political Science* 28: 611-635.

Ranney, Austin. ed. 1962. *Essays in the behavioural study of politics*. Urbana: University of Illinois Press.

Rice, T. W. 1986. "The determinants of Western European government growth, 1950-1980." *Comparative Political Studies* 19: 233-259.

Riker, W. H 1982. "The two-party system and Duverger' s Law." *American Political Science Review* 76: 753-766.

Riker, W. H., ed. 1993. *Agenda formation*. Ann Arbor: University of Michigan Press.

Riker, W. H, and P. C. Ordeshook, P.C. 1973. *An introduction to positive political theory*. Englewood Cliffs, NJ: Prentice-Hall.

Robertson, D. 1987. "Britain, Australia, New Zealand and the United States

1946-1981, An initial comparative analysis." In I. Budge, D. Robertson, and D. Hearl, eds. *Ideology, strategy and party change: Spatial analyses of post-war election programmes in 19 democracies*. Cambridge: Cambridge University Press.

Rose, R. 1980. *Do parties make a difference?* Chatham, NJ: Chathan House.

Rose, R., and N. Munro N. 2003. *Election and parties in new European democracies*. Washington, D.C.: Congressional Quarterly Press.

Russett, B. 1982. "Defense expenditures and national well-being." *American Political Science Review* 76: 767-777.

_____. 1971. "An empirical typology of international military alliances." *Midwest Journal of Political Science* 15: 262-289.

Sartori, G. 1976. *Parties and party systems*. New York: Cambridge University Press.

Saward, M. 1998. *The terms of democracy*. Cambridge: Polity.

Schmidt, M. G. 1982. "The role of parties in shaping macroeconomic policy." In F. G. Castles, ed. *The impact of parties*. London: Sage.

_____. 1989. "Social policy in rich and poor countries: Socio-economic trends and political-institutional determinants." *European Journal of political Research* 17: 641-659.

Schmidt, M. G. 1996. "When parties matter? A review of the possibilities and limits of partisan influence on public policy." *European Journal of Political Research* 30: 155-183.

_____. 1997. "Reflections: Politics does indeed matter!" *European Journal of Political Research* 31: 164-168.

Singer, J. D., and M. Small. 1968. "Alliance aggregation and the onset of war, 1815-1945." In *Quantitative international politics: Insights and evidence*. New York: Free Press.

Solano, P. L. 1983. "Institutional explanation of public expenditure among high income democracies." *Public Finance* 38: 440-458.

Stevenson, R. T. 2001. "The Economy and policy Preferences: A fundamental dynamics of democratic politics." *American Journal of Political Science* 45: 620-633.

Stimson, J. A. 1991. *Public opinion in America: Moods, cycles and swings.*

Boulder, CO: Westview Press.

_____. 1994. "Domestic policy mood: An update." *Political Methodologist* 6: 20-22.

Stimson, J. A., M. S. McKuen, and R. S. Erikson. 1995. "Dynamic representation." *American Political Science Review* 89: 543-565.

Stokes, D. E. 1966. "Spatial models of party competition." In A. Campbell, P. E. Converse, W. E. Miller, and D. E. Stokes, eds. *Elections and the political order*. New York: Wiley.

Swank, D. H. 1988. "The political economy of government democratic expenditure in the affluent democracies, 1960-1980." *American Journal of political Science* 32: 1120-1150.

Tsebelis, G. 1986. "A general model of tactical and inverse tactical voting." *British Journal of Political Science* 16: 395-404.

_____. 1989. "Why do English Labour Party activists commit political suicide?" presented at the annual meeting of the American Political Science Association, Washington, D.C.

Tufte, E. 1978. *Political control of the economy*. Princeton, NJ: Princeton University Press.

Volkens, A. 1995. "Dataset CMPr3. Berlin: Comparative manifestos project, science center, research unit institutions and social change (Director: H. -D. Klingemann)." In cooperation with the Manifesto Research Group (Chairman: I. Budge).

Ware, A. 1996. *Political parties and party systems*. Oxford: Oxford University Press.

Warwick, P. V. 1992. "Ideological diversity and government survival in Western European parliamentary democracies." *Comparative Political Studies* 25: 332-361.

_____. 1994. *Government survival in parliamentary democracies*. New York: Cambridge University Press.

Weber, R. P. 1990. *Basic content analysis*. Newbury Park, CA: Sage.

Western, B. 1998. "Causal heterogeneity in comparative research: A Bayesian hierarchical modeling approach." *American Journal of Political Science* 42: 1233-1259.

Wildavsky, A. 1988. *The new politics of the budgetary process*. Glenview, IL: Scott, Foresman.

Wilensky, H. L. 1975. *The welfare state and equality: Structural and ideological roots of public expenditures*. Berkeley: University of California Press.

Williams, J. T. 1990. "The political manipulation of macroeconomic policy." *American Political Science Review* 84: 767-795.

Woldendorp, J., H. Keman, and I. Budge. 1993. "Party government in 20 democracies." *European Journal of Political Research* 24: 1-107 (Special Issue: Political Data 1945-1990).

_____. 1998. "Party government in 20 democracies: An update (1990-1995)." *European Journal of Political Research* 33: 125-164.

Woldendorp, J., H. Keman, and I. Budge. 2000. *Party government in 45 democracies 1945-1998: Composition, duration and personnel*. Boston: Kluwer Academic Publishers.

색인(Index)

| ㅅ |

| ㅇ |

| ㅈ |

| 지은이 소개 |

❖ 김희민(金熙民)

1981년 미국에 유학, 1983년 미네소타 대학교(University of Minnesota)에서 정치학 학사를 취득하였고, 1990년 워싱톤 대학교(Washington University in St. Louis)에서 정치학 박사학위를 받았다. 워싱톤 대학교에서는 정치경제 분야에 세계적 명성을 지닌 랜디 칼버트, 케니스 쉡슬리, 제임스 알트, 그리고 노벨 경제학상 수상자 더글라스 노스에게 사사하였다. 1989년 플로리다 주립대학교 정치학과에 조교수로 임용되었고, 1996년에 부교수, 2003년에 정교수로 승진한 후 오늘에 이르고 있다.

북미와 유럽의 유수 학술지인 *Comparative Politics, Comparative Political Studies, European Journal of Political Research, Canadian Journal of Political Science, Political Behavior, Journal of Economic Behavior and Organization, Public Choice, World Affairs* 등에 20여 편의 논문을 게재하였고, 그 외에도 많은 저서가 있다. 김우상(당시 미국 텍사스 에이엔 엠 대학 교수, 현 연세대학교 정치학과 교수)과 공편한 책, *Rationality and Politics in the Korean Peninsula*(미시간 주립대학교 간행)은 1995년 북미주에서 발간된 한국에 관한 최고의 저서상을 받았다. 2002년에는 Comparative Manifestos Group이 그 동안 모은 매니페스토 데이터를 집대성한 책, *Mapping Policy Preferences: Estimates for Parties, Electors, and Governments, 1945-1998*(옥스포드 대학교 출판부 발행)에 협동 저자로 참여하였다. 1995년에는 선거게임의 예측 개념인 The Strongly Stable Core를 만들어냈으며, 1990년대 말부터 현재에 이르기까지 매니페스토 데이터를 사용하여 투표자, 의회, 정부의 이데올로기 측정지표를 개발하고, 민주주의 성취도 지수를 만드는 등 창의성 있

는 연구로 명성을 쌓아가고 있다.

극동문제연구소(1999), Korea Foundation(2002), 미국 정부의 National Science Foundation(2003~2004), Fulbright Foundation(2007) 등의 연구지원을 받았다. 북미 한국정치연구학회 회장을 역임하였으며(2001~2003), 2003년에는 한 · 미 간 학술 및 문화 교류에 기여한 공을 인정받아 김대중 대통령으로부터 국민훈장 대통령장을 받았다.

▸ 홈페이지 주소: http://garnet.acns.fsu.edu/ ~hkim
▸ 이 메 일 주소: hkim@fsu.edu

❖ 리처드 포딩(Richard C. Fording)

1986년 플로리다 대학교(University of Florida)에서 정치학 학사를 취득하였고, 1998년 플로리다 주립대학교(Florida State University)에서 정치학 박사를 받았다. 플로리다 주립대학교에서는 그 분야의 권위자인 빌 베리 교수 밑에서 정책학을 공부하였다. 1998년 켄터키 대학교(University of Kentucky)에 조교수로 임용되어, 현재 부교수로 재직 중이다. 주로 미국의 복지정책, 치안정책, 지방정치 등에 연구를 하였으나 김희민과의 공저를 통하여 비교정치 분야에서도 널리 알려져 있다. 미국의 유수 학술지인 *American Political Science Review, American Journal of Political Science, Journal of Politics*에 출판을 하였고, 그 외에도 많은 저술이 있다.

▸ 홈페이지 주소: http://www.uky.edu/~rford
▸ 이 메 일 주소: rford@uky.edu

| 옮긴이 소개 |

❖ 조진만(趙眞晩)

2004년 연세대학교에서 "정치체계의 특성과 의회 입법수행능력: 55개국 교차국가분석" 논문으로 정치학 박사학위를 취득하였고, 현재 연세대학교 리더십센터 교육전문연구원으로 재직 중이다. 전공분야는 비교정치와 한국정치이며, 지금까지 한국과 서구 민주국가들의 정치제도와 정치과정(선거, 정당, 의회)에 관한 연구를 수행하여 다수의 논문을 발표하였다.

❖ 김홍철(金洪徹)

1991년에 공군사관학교를 졸업한 이후 전투조종사(현재 공군 중령)의 임무를 수행하고 있다. 2002년에 미주리 대학교(University of Missouri-Columbia)에서 석사학위를 취득한 이후 2005년부터 플로리다 주립대학교(Florida State University)에서 정치학 박사학위과정을 밟고 있다. 전공분야는 국제관계와 비교정치이며, 주로 외교정책, 분쟁, 협상, 정치제도, 민주화 등의 주제에 관심을 갖고 연구를 진행하고 있다.